Khue Tran Van

Une vie responsable

AF002329

Khue Tran Van

Une vie responsable

Obéissance et désobéissance selon Dietrich Bonhoeffer

Éditions Croix du Salut

Imprint
Any brand names and product names mentioned in this book are subject to trademark, brand or patent protection and are trademarks or registered trademarks of their respective holders. The use of brand names, product names, common names, trade names, product descriptions etc. even without a particular marking in this work is in no way to be construed to mean that such names may be regarded as unrestricted in respect of trademark and brand protection legislation and could thus be used by anyone.

Cover image: www.ingimage.com

Publisher:
Éditions Croix du Salut
is a trademark of
International Book Market Service Ltd., member of OmniScriptum Publishing Group
17 Meldrum Street, Beau Bassin 71504, Mauritius

Printed at: see last page
ISBN: 978-3-8416-9960-2

Copyright © Khue Tran Van
Copyright © 2015 International Book Market Service Ltd., member of OmniScriptum Publishing Group
All rights reserved. Beau Bassin 2015

UNE VIE RESPONSABLE

*Obéissance et désobéissance
selon Dietrich Bonhoeffer*

KhueTran Van

Introduction

Venant d'un pays dans lequel l'autorité civile impose de façon quasiment impérative les règles de la vie des concitoyens, je fus profondément sensibilisé à l'idée de *désobéissance civique*. Ma question est dès lors la suivante : dans des circonstances données, est-il possible et légitime de désobéir aux ordres imposés par l'autorité politique et aux normes qu'elle a établies? Par ailleurs, qu'est-ce qui peut justifier d'y obéir ou d'y désobéir ? Ces questions ne m'ont pas été inspirées par l'idée de la transgression des lois, mais elles s'imposèrent en raison de la liberté menacée, dans une société, le Vietnam, où la justice est bafouée, et où règne le mépris des valeurs humaines fondamentales. Les droits de l'homme, comme les valeurs humaines reconnues dans la *Déclaration universelle des droits de l'homme,* sont inscrits dans la *Constitution* du Vietnam[1]. Pourtant, ils sont loin d'être appliqués dans la réalité. Il y a une contradiction flagrante entre les valeurs proclamées dans la *Constitution* et la discrimination tant sociale que religieuse[2]. Or, cette contradiction heurte aussi les traditions les plus mémorables du pays qui, sous l'influence de la culture confucianiste, a depuis toujours valorisé la vertu de justice, la vie et les valeurs humaines. Ce qui est en cause, de toute évidence, c'est le système politique en place.

Pourquoi poser la question de la désobéissance? Cette idée de la désobéissance porte en elle une ambiguïté. Elle est d'habitude perçue comme condamnable parce qu'elle implique la violence. Loin d'être une question théorique, abstraite, il s'agit d'une question *civique* très concrète. Elle a été mise en œuvre par de grands personnages de notre histoire récente, tels que Martin Luther King et Mohandâs Karamchand Gandhi, qui se sont engagés dans la résistance contre des régimes injustes. Leur désobéissance n'était pas autre chose que l'expression de leur conviction. Pour eux, les droits fondamentaux de l'homme sont les éléments indispensables sans lesquels il n'y a pas de société juste, ni donc humaine. Une société de *citoyenneté* implique la liberté et l'égalité des droits.

La question de la désobéissance a gagné ses lettres de noblesse avec ces grandes figures de l'histoire qui ont fait de la désobéissance civique l'arme de la résistance à un ordre social et politique injuste. Parmi ces figures, on doit mettre au premier plan Dietrich Bonhoeffer, qui s'est très tôt engagé dans la « résistance » au régime nazi, au nom de sa « soumission » au Christ. Le titre donné à ses écrits de prison, « Résistance et soumission », traduit exactement cette double polarité de son action. Celle-ci n'est pas d'abord motivée par des considérations politiques. Elle est l'expression de sa

---

[1] Au Vietnam, la *Constitution* garantit tous les droits de la personne. Mais à côté de la *Constitution*, il y a encore d'autres décrets, ordonnances supplémentaires qui limitent certains droits des groupes civils ou religieux. Par exemple *l'Ordonnance sur la croyance et la religion* est appliquée depuis le 15 novembre 2004 (traduite en français dans la revue *Eglises d'Asie*, n°401, 16 juillet 2004, p. 30-35).
[2] Au Vietnam, il est actuellement impossible de prétendre à une promotion sociale de « haut niveau » sans le « passeport du Parti » (« celui qui n'est pas avec nous est contre nous »).

fidélité à l'Evangile, convaincu qu'il vaut mieux obéir à Dieu qu'aux hommes (Actes 5, 29). La question de la désobéissance a aussi une place dans le catéchisme de l'Eglise catholique.

Comment aborder théologiquement la question de la désobéissance ? La désobéissance est un acte théologique, plus précisément encore pour Bonhoeffer un acte qui a sa source dans le Christ. Mais peut-être faut-il ici inverser les rapports. *Obéissance* et *désobéissance* sont dans une relation interactive. L'une insiste naturellement sur la soumission, l'humilité, l'acceptation, l'endurance, tandis que l'autre se conjugue avec résistance, opposition, transgression, et même violence…. Pourtant, d'un côté comme de l'autre, ce qui est en jeu, c'est une liberté responsable. Telle est du moins la conviction de Dietrich Bonhoeffer, qui nous servira de guide dans notre réflexion sur le sens de l'obéissance et de la désobéissance.

L'obéissance ne peut pas être séparée d'une réflexion sur une « vie responsable». Celle-ci peut prendre la forme de la désobéissance comme affirmation d'une obéissance à une autorité plus grande. Autrement dit, l'obéissance à Dieu peut nous conduit jusqu'à la désobéissance à un ordre humain. C'est un vrai défi pour la morale chrétienne. Dans le contexte d'une société comme la mienne, marquée par une pluralité de convictions religieuses et une uniformité idéologique politique, quelle attitude adopter, en tant que chrétien, à l'égard des autorités civiles et politiques, dès lors qu'elles sont en contradiction avec les valeurs éthiques et religieuses qui relèvent de ma conviction la plus intime ? L'attitude de Bonhoeffer, justifiée théologiquement, est-elle susceptible d'être transposée en d'autres situations ?

Cette question a une dimension christologique fondamentale, dans la mesure où elle renvoie à l'attitude du Christ qui s'est fait, d'une part « obéissant jusqu'à la mort et à la mort sur une croix » (Ph2, 5-8), dans une totale fidélité à la volonté du Père, mais qui n'a pas manqué, d'autre part, de s'opposer tout au long de sa vie aux autorités face à l'injustice. De même, si Paul a demandé à ses frères de la communauté à Rome de se soumettre aux autorités en charge, car « il n'y a point d'autorité qui ne vienne de Dieu et celles qui existent sont constituées par Dieu » (cf. Rm13, 1-7), il ne l'a pas fait au détriment de ses convictions.

Je me propose de travailler cette question de l'obéissance et de son corollaire, la désobéissance, à partir non pas directement de l'Ecriture, mais à partir de la vie et de l'œuvre de Dietrich Bonhoeffer. Ce théologien protestant fut victime du nazisme. Ses convictions chrétiennes l'ont amené à faire des choix qui l'ont conduit à la mort. Sa grandeur vient de la cohérence entre ses paroles et sa vie. Il s'est engagé pour « la cause de Dieu et des hommes », en n'ayant d'autre modèle que le Christ.

Pourquoi Bonhoeffer ? La culture de Bonhoeffer n'est pas la mienne et sa tradition théologique non plus. Sa situation socio-politique n'est pas celle du Vietnam. Quel est alors l'intérêt de recourir à cet auteur ? La question de Bonhoeffer reste pourtant d'une brûlante actualité : *qu'exige le Christ de nous aujourd'hui ?* Cette question n'est pas seulement une question de foi, mais elle comporte une dimension éthique. Que m'impose la foi au Christ dans un contexte où se pose la question des droits humains et de la responsabilité ? Bonhoeffer peut éclairer le débat théologique et éthique, propre au Vietnam, notamment en raison de l'obéissance et de la désobéissance qu'il a vécues et réfléchies théologiquement.

Cependant, je n'ai pas l'ambition d'aborder la question de l'obéissance civique à travers l'ensemble de son œuvre. Je me limiterai essentiellement à un chapitre de l'*Ethique* : *L'histoire et le bien*. C'est ce chapitre qui a inspiré le titre du mémoire : « Une vie responsable » (p. 182) et suggéré le fil conducteur de notre réflexion, mis en exergue : « Etre responsable n'est autre chose que confesser Jésus-Christ dans mes paroles et dans ma vie » (p. 181). Cette limitation de notre approche de Bonhoeffer nous permet d'approfondir suffisamment sa pensée et d'en éprouver la consistance, ce que nous pourrons vérifier en recourant à d'autres traités de Bonhoeffer.

Esquisse biographique - engagement théologique et éthique de Bonhoeffer - double polarité de la *soumission* et de la *résistance*[3]

---
[3] Cette partie s'appuie sur l'ouvrage de Eberhard Bethge : *Dietrich Bonhoeffer. Vie, pensée, témoignage*, Labor et Fides, 1969 (= Bethge).

Né à Breslau le 4 février 1906 dans une famille aristocratique de tradition luthérienne, Dietrich Bonhoeffer a vécu dans une des périodes les plus agitées et les plus tragiques de l'Allemagne. Il a été le témoin de deux échecs retentissants de son pays : la déliquescence de la république de Weimar, soutenue par la famille Bonhoeffer, et la prise du pouvoir par Hitler en 1933 dont les Bonhoeffer avaient l'intuition qu'il préparait un « temps de guerre ». Cette réalité socio-politique est, pour Bonhoeffer, le point de départ d'une conscience politique, à laquelle sa formation théologique ne l'avait nullement préparé.

Après la défaite de 1918, l'Allemagne s'était désagrégée et subissait le mépris des autres pays. Elle a connu l'humiliation au niveau politique, économique et aussi culturel. Cette situation était intolérable pour une Allemagne qui avait sa fierté et dont Berlin avait été l'« une des villes les plus brillantes de l'Europe : rencontres culturelles, clubs divers, théâtre d'avant-garde, littérature de rupture, vie libérée des convenances bourgeoises, expériences multiples et osées, légèreté sentimentale et sexuelle, délaissement du futur, goût du plaisir présent, bref une vie éclatante et intense »[4]. C'est dans ce contexte, favorable à la venue d'un héros, que parut Hitler, accueilli comme un libérateur de son peuple.

Il faut ajouter que l'arrivée au pouvoir de Hitler fut soutenue par une partie des théologiens ! A ces théologiens, qui mettaient en avant « l'originalité de la culture allemande et le bien-fondé de la guerre », et qui croyaient que le nazisme favoriserait une renaissance du christianisme en Allemagne, Karl Barth reprochera plus tard leur naïveté. Hitler voulait sortir de l'humiliation par la vengeance. Son idéologie était celle d'un « retour à la mythologie de l'histoire allemande », écrit Christian Duquoc. Elle poussera Hitler jusqu'au recours à la cruauté. Ces attentes d'un libérateur ont ouvert le chemin à « un nouveau nationalisme, fondé sur la valeur indiscutable de la terre et du sang (*Blut und Boden*) »[5]. Les camps de concentration, qui s'inscrivent dans cette logique, restent pour l'humanité aujourd'hui une honte, un scandale et une horreur. Face à cette idéologie destructrice, les théologiens ont manqué de lucidité.

C'est dans ce contexte d'une Allemagne en crise que Dietrich Bonhoeffer a dû se frayer son propre chemin, rejetant aussi bien le *radicalisme* religieux que le *compromis* politique. Sans encore être explicitement formulée, sa spiritualité est déjà celle de la faiblesse de Dieu manifestée en Jésus-Christ dans « un monde sans Dieu » ou plutôt dans lequel « le Dieu chrétien n'avait plus de place ». Dieu était « exilé de ce monde en gestation »[6]. Certains accuseront l'Eglise confessante, dont il était membre, d'avoir manqué de « courage envers des millions d'êtres qui souffraient d'injustice. Elle n'a rien trouvé à dire sur les questions les plus simples de la bonne foi civique. Quand elle parle, c'est toujours de sa propre cause »[7]. L'accusation

---
[4] Christian Duquoc, « Dietrich Bonhoeffer : le contexte culturel de son œuvre », dans *Lumière et Vie*, 264, 2005, p. 23
[5] Ibid, p. 24-25
[6] Bethge , p. 28
[7] Ibid , p. 382

n'atteint certainement pas Bonhoeffer. Le choix de vie qu'a fait Bonhoeffer n'était pas simplement celui d'un théologien, mais celui d'un chrétien et d'un citoyen engagé, au titre de l'Eglise confessante dans « le monde sans Dieu ».

C'est sur cette donnée de base que nous allons relire le parcours de sa vie, non pas en suivant l'ordre chronologique, mais en étant attentif à son engagement théologique et éthique dont l'enjeu est la question de l'obéissance. En d'autres termes, comment Bonhoeffer fait-il face à une situation socio-politique donnée par son engagement théologique et éthique ?

Pour éclairer cette question, dans cette première partie biographique, nous suivrons le mouvement de son histoire en retenant les aspects suivants : enquête sur une identité ; combat dans et pour une Eglise confessante ; combat pour l'homme dans un monde non-religieux.

Enquête sur une identité

Contexte familial et choix vocationnel

Dietrich Bonhoeffer a vécu dans un milieu familial protégé où il a bénéficié d'une bonne insertion ecclésiastique. Son père, Karl Bonhoeffer, était professeur de psychiatrie et de neurologie. Son grand-père paternel, Friedrich Ernst Philipp Tobias Bonhoeffer (1828-1907) était le président du tribunal régional d'Ulm, et son grand-père maternel, Karl Alfred von Hase (1842-1914), était professeur de théologie pratique à Breslau…. Ce « riche héritage de ses antécédents a donné à Dietrich Bonhoeffer la mesure de sa propre vie » comme l'a remarqué Bethge, mais ne l'a pas empêché de forger sa propre identité et de tracer son propre chemin. Son choix vocationnel en est le signe le plus éclatant. Ce choix fut respecté par la famille, bien qu'il alla à l'encontre de son désir. Son père y voyait le choix d'une « existence pastorale tranquille et immobile », tout en estimant que c'était un choix regrettable pour son fils. Son frère, par contre, s'est moqué de lui en disant : « tu suis la voie de moindre résistance »[8].

Ces remarques venant de sa famille ont-elles exercé une influence sur l'attitude de « soumission et de résistance » qui sera celle de Bonhoeffer plus tard ? Nous ne le savons pas bien. Une chose que pouvons constater : son choix de vie relève d'une recherche personnelle. Bethge a témoigné que ce choix n'était influencé ni par l'Eglise nationale, ni par la paroisse locale, ni par l'enseignement religieux, ni par un modèle quelconque, ni par un grand personnage. Bonhoeffer est devenu pasteur et théologien par choix personnel. Plus tard, alors que son choix est déjà fait, la rencontre avec Karl Barth l'enthousiasmera. Sa recherche était animée par « le désir de se réaliser lui-même », par l'idée d'« entreprendre quelque chose que les autres ne faisaient pas ». L'influence la plus profonde qu'il subira viendra des événements de

---
[8] cité par Bethge, p. 37

la guerre. L'image du cimetière de Breslau prit une importance très personnelle : il lui rappelait en permanence la perte d'un frère et le chagrin de sa mère[9]. Les morts, la question de la mort l'ont bousculé.

Le choix qu'il vient de faire marque le début d'une passion pour la théologie comme véritable science, avant tout engagement ecclésial. La vision de l'Eglise n'entrera en ligne de compte que plus tard. Son cheminement est autre : « contrairement aux théologiens issus de maisons théologico-ecclésiastiques qui découvrent après coup qu'il y a aussi un " monde ", Bonhoeffer découvrira un jour l'Eglise »[10]. C'est dans cette Eglise qu'il combattra pour elle, et avec elle pour l'homme. Sa foi en Jésus-Christ prendra alors une dimension communautaire, non pas simplement personnelle. Cela se traduira dans sa thèse, défendue dans *Sanctorum communio*, selon laquelle : « Le Christ existant en tant que communauté »[11]. Une thèse qui peut étonner chez ce protestant.

Rencontre avec Karl Barth et la théologie dialectique

Très tôt, au cours de ses études, Bonhoeffer devait soutenir ses deux thèses de doctorat, d'une part, *Sanctorum communio. Une recherche dogmatique sur la sociologie de l'Eglise* (1927), et d'autre part *Acte et Être. Philosophie transcendantale et ontologie en théologie systématique* (1930). La première est une recherche dogmatique sur la manifestation concrète de l'action divine qu'est l'Eglise. Dans la deuxième, il construit « une anthropologie non à partir de la Bible ou de la culture, mais à partir de l'existence en tant qu'existence déjà insérée dans ce tout social qu'est la communauté ecclésiale concrète »[12]. On y perçoit déjà l'importance de l'Eglise pour une authentique expérience spirituelle.

Sur ce point, il devait manifester son désaccord avec son directeur de thèse, Reinhold Seeberg. Professeur à Berlin, celui-ci a beaucoup influencé Bonhoeffer qui, pourtant, reste réservé à l'encontre de certaines de ses positions. Une de leurs divergences peut s'énoncer ainsi : Si Seeberg affirme que « c'est l'expérience qui doit attester la certitude du contenu de l'Ecriture », Bonhoeffer soutient, par contre, que c'est « le Seigneur de l'Ecriture et cela via l'Eglise : prédication »[13]. A l'expérience intime, il substitue l'expérience ecclésiale. Sur ce point fondamental : la révélation en Jésus-Christ par la prédication de l'Eglise, Bonhoeffer rejoint les thèses de Barth.

La rencontre entre Barth et Bonhoeffer en 1931 se limite tout d'abord au domaine intellectuel. Cette rencontre avec Barth a passionné Bonhoeffer. Il est émerveillé par

---

[9] Bethge, p. 38-39
[10] Ibid, p. 43
[11] Dietrich Bonhoeffer, *Textes choisis*, Le Centurion/ Labor et Fides, 1970, p. 99
[12] Henry Mottu, *Dietrich Bonhoeffer*, Cerf, 2002, p. 21-22
[13] Bethge, p. 65

les travaux de Barth, ainsi que par son accueil: « Barth est encore bien au-delà de ses livres », dira Bonhoeffer[14].

La théologie dialectique a sensibilisé Bonhoeffer à une tâche aussi imprescriptible que la prédication, à l'attestation terrestre et concrète de la Parole de Dieu dans la parole humaine. La Parole de Dieu n'a besoin d'aucun appui ni de la philosophie ni de l'anthropologie, mais elle a droit à l'existence pour elle-même et s'y tient par ses seules forces. L'expérience religieuse, intérieure, sentie, que Bonhoeffer a longtemps cherché à éprouver, Barth la réduisait à une chose indifférente. La certitude qu'il cherchait avait sa source en Dieu, non dans l'homme[15].

La thèse *Sanctorum communio* montre une influence évidente de Barth quand elle affirme : « la religion chrétienne n'existe que dans la foi à la révélation divine devenue réellement saisissable et visible dans l'histoire – pour ceux qui ont des yeux pour voir et des oreilles pour entendre ; elle porte en son cœur la question que nous nous posons sur les relations entre l'histoire et l'Esprit, ou dans le domaine biblique, entre la lettre et l'esprit, l'Ecriture et la révélation, la parole humaine et la Parole de Dieu »[16]. Ceci va contre l'idée de Harnack : les textes ne sont pas seulement des sources d'une expérience humaine, comme le pense ce dernier, mais ils sont en même temps porteurs de la révélation de Dieu.

Dans sa deuxième thèse, Bonhoeffer discute avec Barth qui le met en garde contre les dangers de sa philosophie transcendantale et veut le rendre plus « luthérien ». Dans la ligne de Barth, Bonhoeffer met l'accent sur le caractère concret de la révélation : « dans la révélation, il ne s'agit pas tant de la liberté de Dieu en soi, c'est-à-dire du fait que Dieu reste éternellement lui-même, de son aséité, mais plutôt de la manière dont Dieu sort de lui-même dans la révélation, de sa Parole donnée, de son alliance dans laquelle il se lie, de sa liberté de s'être librement lié à l'homme historique, qui trouve sa plus forte expression dans sa disponibilité envers l'homme. Dieu est libre, non à l'égard de l'homme, mais en sa faveur. Christ est la Parole de la liberté de Dieu. Dieu est là, non dans un éternel refus d'être objectivé, mais – pour dire les choses de manière très provisoire – accessible par sa Parole dans l'Eglise. Une notion concrète de la liberté de Dieu s'oppose ici à la notion purement formelle de sa liberté » (*Akt und Sein*, 67s)[17].

La conception que Barth se fait de la révélation lui paraît cependant trop désincarnée. Sur le terrain pastoral dès son premier contact avec l'Eglise officielle, Bonhoeffer découvre que son monde d'études n'est pas celui de l'Eglise actuelle : « la théologie de Barth a des principes théologiques parfaitement définis et qui ne sont pas déterminants pour l'Eglise d'aujourd'hui » (lettre du 13.2.26). S'il met avec Barth

---
[14] cité par Bethge, p. 150
[15] Bethge, p. 69
[16] cité par Bethge, p. 73
[17] cité par Bethge, p. 115-116

l'accent sur la majesté divine, libre et inaccessible, il estime que, chez Barth, la réalité terrestre concrète et sa vulnérabilité étaient menacées et se volatilisaient. En fait pour sauver la majesté de Dieu, Barth parlait du *Tout Autre*, du *Dieu lointain et inaccessible* ; par contre, pour préserver la majesté de Dieu de la banalité, Bonhoeffer évoquait le *Dieu saisissant, proche*, qui se manifestait par la nature des ordres qu'il donne dans sa grâce[18]. La foi est l'expérience de la présence concrète de celui qui s'est incarné, qui a été crucifié et qui est ressuscité, elle est à tous égards une réalité sociale qui s'accomplit sans cesse non seulement à la verticale, mais encore et en priorité à l'horizontale.

Quant à Karl Barth en 1933, après avoir pris connaissance de l'œuvre de Bonhoeffer, *Création et Chute (Schöpfung und Fall)*, il fait l'éloge de Bonhoeffer dans *Kirchliche Dogmatik*, IV/2, 725 : « s'il existe une justification de Reinhold Seeberg, elle tient dans le fait que cet homme (Bonhoeffer) est sorti de son école et que cette thèse a vu le jour ; elle force au respect par ses vues larges et profondes, non seulement eu égard à la situation de cette époque, mais parce qu'elle est encore aujourd'hui plus instructive, plus stimulante, vraiment plus « édifiante » qu'une foule d'autres oeuvres plus célèbres qui ont été écrites depuis lors sur le problème de l'Eglise…. J'avoue franchement que j'ai le souci de me tenir au moins à la hauteur que Bonhoeffer avait atteinte à ce moment-là, de ne pas dire moins – de mon point de vue et dans ma langue – que ce jeune homme ne l'a fait alors, et de ne pas parler plus faiblement »[19].

Bref, la rencontre avec Barth a permis à Bonhoeffer à s'approprier son langage : « justification », « révélation », et « Parole de Dieu », mais aussi de l'introduire dans son engagement théologique et éthique. La théologie barthienne devint aussi pour Bonhoeffer une arme contre la bourgeoise patriote, la religion nationaliste. C'est dans l'Eglise confessante que Bonhoeffer va concrétiser pleinement son engagement.

Combat dans et pour une Eglise confessante

C'est le synode de Barmen en mai 1934 qui signe l'acte de naissance de l'Eglise confessante. Pour Bonhoeffer et ses amis, il s'agissait de s'opposer à l'Eglise officielle du Reich, et de constituer une seule Eglise confessante. Le statut de l'Eglise confessante sera reconnu à la Conférence de Fanö en juillet 1934 où Bonhoeffer était à la fois le délégué de son Eglise et un des conférenciers principaux. Il devait traiter le sujet suivant : « l'Eglise et le monde des nations », Bonhoeffer a abordé la question du droit absolu pour l'Eglise de prendre position sur les questions internationales et sur les moyens et les limites de la collaboration avec le pouvoir pour la solution de tels problèmes. Il a défendu l'action pour la paix à partir d'une *ecclésiologie christologique*. Les chrétiens « ne peuvent prendre les armes les uns contre les autres, parce qu'ils savent qu'ils tourneraient ainsi les armes contre le Christ lui-même ».

---

[18] Bethge, p. 156
[19] cité par Bethge, p. 77-78

C'était là la motivation la plus forte de son « pacifisme chrétien », souligne Bonhoeffer.

Une Eglise édifiée à partir du Sermon sur la montagne

Pour Bonhoeffer, l'Eglise devait être édifiée à partir du *Sermon sur la montagne*. C'est une Eglise dont les disciples devaient répondre totalement à l'appel du Christ inscrit dans ce *Sermon sur la montagne*. Telle est l'attitude de Bonhoeffer. Son combat s'inscrivait dans la ligne de cette Eglise confessante. C'est la deuxième étape de sa vie, marquée désormais par sa réflexion sur le prix d'une vie chrétienne pour l'Eglise dans le monde. « Le temps des études et des randonnées est à son terme. Bonhoeffer commence à enseigner dans une faculté dont la théologie n'est pas la sienne et à prêcher dans une Eglise dont la bonne conscience lui semble sans fondement. Et il s'insère dans une société dont les relations politiques, sociales et économiques contribuent au chaos »[20].

Si, au cours de la première rencontre avec Barth, Bonhoeffer s'est approprié le langage de la « justification », de la « révélation » et de la « Parole de Dieu », dans cette deuxième étape de sa vie, il insiste sur la « paix », le « commandement » et l' « obéissance ». La *Nachfolge*[21] (traduit sous le titre : *Le Prix de la Grâce*) et *Gemeinsames Leben* (*Vie communautaire*) marquent cette nouvelle période, une période « dans laquelle ces fruits mûrissent ». Il « prend maintenant son vrai départ »[22]. Sortant du langage académique, au contact de la réalité concrète, la christologie prend une place centrale.

Son énergie au travail, sa concentration, sa capacité d'analyse critique et son engagement personnel caractérisent sa vie à ce stade. Il insiste de plus en plus sur le *Sermon sur la Montagne* comme modèle pratique. Son ouvrage, *Akt und Sein*, lui est « devenu entre-temps presque antipathique ». Dans une lettre à son ami Sutz

---

[20] Bethge, p. 147
[21] Le traducteur nous explique qu'il est difficile de traduire ce titre *Nachfolge* : « Le verbe *nachfolgen*, le substantif *Nachfolge* et leurs dérivés posent un problème de la traduction assez délicat. Littéralement, *nachfolgen* signifie « suivre » (quelqu'un), marcher derrière lui. On a souvent traduit *Nachfolge* Christi par « Imitation de Jésus-Christ », qui n'est pas entièrement satisfaisant, en particulier dans la mesure où le verbe qui correspond à ce substantif ne peut que difficilement être rendu en français par « imiter ». En fait, dans l'appel adressé par Jésus à ses disciples (en allemand : *folge mir nach* = suis-moi) il y a, certes, d'abord l'allusion à un déplacement dans l'espace (cf. Marc 1, 17 ; 2, 14) ; le substantif allemand Nachfolge comporte, d'autre part, l'idée de succession dans une charge.
Mais, il nous a semblé que si l'on voulait rendre compte, le plus fidèlement possible, de l'usage fait de ces termes par Dietrich Bonhoeffer, il fallait y ajouter l'idée capitale d'obéissance. Nous avons choisi – sans ignorer tout ce que cette solution peut avoir d'imparfait – de traduire généralement *nachfolgen* par « obéir » ou, lorsque le texte le permet, par « suivre (Jésus) sur la voie de l'obéissance », et *Nachfolge* par « obéissance » ou « voie de l'obéissance ». L'inconvénient de cette solution, en particulier, est une confusion entre les termes allemands *Nachfolge* et *Gehorsam*.
Il convient, d'autre part, de souligner que nous avons conservé, dans les citations bibliques, le texte de la traduction Segond qui, pour *akolouthei* moi par exemple, porte « suis-moi » (cf. Dietrich Bonhoeffer, *Le prix de la grâce*, Delachaux et Niestlé, 1967, note1, p. 14-15).
[22] Ibid, p. 148

(27.1.36), il dit qu'il s'est jeté dans « le travail de manière très peu chrétienne ». Il se sent plutôt maintenant interpellé pour une vie de serviteur de Jésus-Christ. L'année précédente, dans une lettre à son frère Karl Friedrich, il écrivait : « je crois savoir que je ne pourrai être vraiment en ordre intérieurement que lorsque je commencerai à prendre vraiment au sérieux le Sermon sur la montagne. C'est là que se trouve la seule source d'énergie qui pourra faire tout éclater…. Je ne puis me faire à l'idée que toutes ces idées te paraissent complètement aberrantes. Il y a encore des choses pour lesquelles il vaut la peine de s'engager sans demi-mesure. Il me semble à moi que la paix, la justice sociale ou tout simplement le Christ, c'est une chose de ce genre »[23].

Appuyé sur cette position ferme et solide, Bonhoeffer développe sa pensée sous forme de quatre thèses qui ont choqué ses étudiants en théologie et les professeurs qui étaient aux côtés de Hitler[24] :

(1) : L'obéissance réside entièrement dans une foi simple et la foi n'est vraie que dans l'obéissance. Le chrétien ne peut courir l'aventure de la paix que par la foi.

(2) : Nous faisons bon marché de la grâce et oublions dans la justification du pécheur par la croix, le cri du Seigneur qui ne justifie jamais le péché. « Tu ne tueras point », « aimez vos ennemis », ce commandement est donné pour être simplement obéi. Tout service guerrier, toute préparation à la guerre sont interdits au chrétien.

(3) : Si nous ne sommes pas nous-mêmes en paix avec le frère et le prochain, nous ne pouvons prêcher la paix aux peuples. Prenons toutefois garde, comme pécheurs, d'annoncer la paix par amour et non par appétit de sécurité et avec des intentions politiques !

(4) : La vraie paix est en Dieu et vient de lui ; elle est indissolublement liée à l'Evangile. Les armes, c'est la foi et l'amour purifié par la souffrance. L'amour pur qui cherche d'abord Dieu et son commandement préfère voir un frère sans défense mis à mort plutôt que son âme et la nôtre tachées de sang.

L'Eglise face à l'autorité tyrannique

Cependant, comment traduire cette absoluité de l'obéissance, telle qu'elle est exigée dans le Sermon sur la montagne, dans un contexte où l'Eglise doit faire face à une autorité tyrannique ? L'obéissance doit être objective : elle est au-delà de la démission.

Un tournant politique se produit le 30 janvier 1933 avec la nomination de Hitler comme chancelier du Reich. Il en résulte pour Bonhoeffer une direction nouvelle. Il voudrait, plus que jamais, réaliser son « vieux rêve » : développer une éthique et une politique de la *résistance non-violente*. Ce rêve s'achève au moment où s'ouvre le séminaire de l'Eglise confessante en 1935. Cette ouverture du séminaire a mis fin au

---
[23] cité par Bethge, p. 174
[24] Ibid, p. 178

rêve de Bonhoeffer de voir Gandhi en Inde, et de découvrir sa méthode d'une résistance non-violente à l'égard d'une autorité considérée comme tyrannique. Bonhoeffer est contraint de choisir, soit sa carrière universitaire soutenue par son Eglise confessante, ses collègues et ses étudiants, soit s'engager dans une autre voie. Son choix final sera de rester en son pays, au moment où l'Eglise confessante prend la responsabilité de la formation des étudiants en théologie dont on lui confie la charge.

A partir de ce tournant politique, l'ordonnance de Hitler sur la liberté et les droits devint de plus en plus sévère, la situation politique de plus en plus tendue, et l'idéologie du national-socialisme s'intensifie. Bonhoeffer voit dès lors trois tâches pour l'Eglise : l'Eglise doit interpeller l'Etat à propos de la question juive ; l'Eglise est redevable d'un service sans limite envers les victimes de l'ordre social, même lorsqu'elles n'appartiennent pas à la communauté chrétienne ; l'Eglise est obligée non seulement de panser les victimes tombées sous la roue, mais de mettre un frein à la roue elle-même. Bonhoeffer fut conscient de cette grande responsabilité de l'Eglise devant l'Etat. Il y voyait un impératif de l'heure présente.

Pourtant, l'Eglise confessante l'a déçu. Il a dû renoncer à tout espoir d'en attendre un secours. En fait, elle n'a vu dans la question juive qu'un problème marginal[25]. Il est déçu par une Eglise qui se tournait vers les *Deutsche Christen*, ces chrétiens allemands trop politisés. Il luttait pour une Eglise qui se situerait dans l'opposition ecclésiastique. Il luttait pour une Eglise autonome dans sa confession. Sa lutte devint encore plus pertinente à partir du rassemblement des *Deutsche Christen* au *Sportpalaste* de Berlin, auquel participaient des « ministres ecclésiastiques ». C'était à ce rassemblement que le chef du secteur ecclésial de Berlin, Krause, exigea une application rapide du *paragraphe aryen*[26]. Krause a fait surtout appel à une « libération à l'égard de l'Ancien Testament, de sa morale juive de rétribution, de ces histoires de maquignons et de souteneurs ». Or, Bonhoeffer jugea scandaleux que les « ministres ecclésiastiques » laissèrent passer ce discours sans protester[27].

Bonhoeffer lutta contre les directives des *Deutsche Christen*, contre l'évêque du Reich, Ludwig Müller, parce qu'elles étaient en contradiction avec l'enseignement du Christ au sujet de l'unité de l'Ancien et du Nouveau Testament et de la doctrine de la

---

[25] Bethge, p. 232-233
[26] Le *Paragraphe aryen* est un document anti-sémite donné par Hitler avant la guerre. Il s'agit d'une purification de la race allemande comme signifie le mot *aryen* : « la race blanche pure » selon la doctrine du nazisme. Dès lors, il exclut les Juifs des organisations, des professions, et d'autres aspects de la vie publique. Il interdit aux Juifs de se marier, d'avoir la relation sexuelle avec les Allemandes de sang. Par conséquent, l'Eglise est donc obligée par le gouvernement de Hitler d'expulser d'abord les pasteurs descendant juifs et les chrétiens non-aryens.
Dans un tract, août 1933 (cf. *Textes choisis*, p. 181-186), Bonhoeffer s'agit : premièrement, d'après la théologie paulinienne, « l'exclusion des judéo-chrétiens hors de la communauté détruit la substance de l'Eglise du Christ » : le Christ a fait tomber la barrière entre juifs et païens et il a fait de deux peuples en un seul. Deuxièmement, d'après la doctrine de Luther, « l'élimination des judéo-chrétiens du ministère pastoral est en contradiction avec l'essence du ministère ». Il faut donc que l'Eglise doive ouvrir aux judéo-chrétiens.
[27] Bethge, p. 290

justification, article capital des réformateurs. Dans une prédication le 21 janvier 1934, en référence à la figure de Jérémie (Jr 20,7), Bonhoeffer considéra son combat comme un chemin imposé : « c'est le chemin de l'homme que Dieu ne laisse plus libre, que Dieu ne lâchera plus »[28].

Cependant, une fois encore, les efforts de Bonhoeffer pour une Eglise fidèle à la parole de Dieu, n'ont pas abouti. Le chancelier du Reich, dans son audience le 25 janvier 1934, et les dirigeants de l'Eglise, se mirent d'accord sur les décisions et les ordonnances de l'évêque du Reich interdisant l'opposition politique ecclésiastique et renforcèrent par tous les moyens constitutionnels l'autorité de celui-ci. Ce renfort à l'évêque du Reich sera confirmé à Londres par la délégation de Berlin sous la direction de Heckel. Celui-ci annonce aux pasteurs allemands d'Angleterre les trois points suivants : premièrement, concentration du protestantisme allemand en un organe parallèle à la concentration politique de l'Etat ; deuxièmement, concentration des organismes de jeunesse, de la mission intérieure et des sociétés missionnaires ; troisièmement, élaboration théologique des problèmes qui se posent aujourd'hui, en particulier concernant les rapports entre la loi de l'Etat et l'Evangile. Ces restrictions signifiaient que si quelqu'un était contre Müller, il était contre l'Etat allemand[29].

Cet échec de l'Eglise confessante n'a pas découragé Bonhoeffer. En 1936, son enthousiasme pour son Eglise l'a conduit jusqu'à l'extrême, lui faisant reprendre le vieil adage : « extra ecclesiam nulla salus » : quiconque abandonne intentionnellement l'Eglise confessante s'exclut du salut (*Gesammelte Schriften* II, 238)[30]. A cause de cette déclaration, il devient l'objet de violentes critiques. Mais elle fera également l'objet d'interprétations diverses. Le professeur Lietzmann l'a interprétée de la manière suivante : celui qui collabore avec le Comité de l'Eglise d'Etat est hors de l'Eglise du salut[31]. Une autre interprétation déclarait : « qui n'a pas la carte rouge, ne peut être sauvé »[32].

Mais, en avril 1938, Werner, président des Affaires ecclésiastiques, ordonna aux pasteurs de l'Eglise confessante en activité de faire le serment de fidélité dont l'Eglise évangélique allemande s'était acquittée envers le Troisième Reich. Suite à cette ordonnance, beaucoup de pasteurs prêtèrent serment, un geste que Bonhoeffer considéra comme une honte. Il en était conscient : « Personne ne sait ce qui est intelligent et ce qui ne n'est pas dans la situation présente, disait-il. Mais une chose est certaine, c'est qu'il ne convient pas d'agir contre l'ordre parfaitement clair de Dieu, contre la vérité reconnue et contre la conscience »[33].

---

[28] Ibid, p. 301
[29] Ibid, p. 303
[30] Bethge, op. cit, p. 438
[31] Ibid,, p. 459
[32] Ibid, p. 507
[33] Bethge, p. 536

Devant une telle difficulté, Bonhoeffer a mis son combat entre les mains de Dieu. Dans une Circulaire du 25. 8. 1938, Bonhoeffer a aussi écrit ceci : « ce que Dieu veut détruire, nous le laisserons volontiers détruire. Nous n'avons rien à sauver. Nous n'avons pas mis notre cœur dans des institutions, même pas dans les nôtres »[34]. Cette attitude de Bonhoeffer sera, pourtant, critiquée par certains comme un renoncement à la résistance politique. Mais, Berthge fait remarquer, avant de passer de l'opposition silencieuse à la protestation ouverte, « il fallait d'abord qu'il fasse un certain nombre d'expériences négatives et positives profondes au cours des événements ecclésiastiques, politiques et personnels qu'il a vécu en 1938 et 1939 »[35].

Jusqu'à la fin, il n'y a jamais eu pour lui d'autre Eglise que l'Eglise confessante où il aurait voulu s'engager et trouver un foyer. L'Eglise confessante est restée son Eglise alors même qu'elle ne partageait plus ses intérêts ni ne défendait plus sa cause. Cette faiblesse de son Eglise n'a pas fait désespérer ses convictions. Il continua à mener son combat pour l'homme dans le monde.

Combat pour l'homme dans un monde non-religieux

La voie de la désobéissance à l'égard de l'autorité tyrannique

En 15 septembre 1935, Hitler a promulgué à Nuremberg des lois en vue d'une élimination des Juifs : la « loi sur la citoyenneté du Reich » et la « loi de protection du sang » qui interdisait les mariages mixtes. L'Eglise confessante devait une fois encore faire face à un abus de pouvoir émanant d'une autorité tyrannique.

De plus, la cinquième ordonnance d'exécution du ministre du Reich Kerrl en novembre 1935 va mettre l'Eglise confessante dans une situation très défavorable en matière de politique ecclésiastique. Ce ministre du Reich confiera à trois hommes, Zoellner, Marahrens, et Fritz Müller de Dahlem, le soin de réorganiser l'Eglise évangélique allemande. Zoellner et son équique constituèrent un Comité ecclésiastique du Reich et formèrent des comités provinciaux. Marhrens constitua le premier Directoire de l'Eglise confessante. Fritz Müller de Dahlem dirigea les affaires internes de l'Eglise, en remplacement des Conseils fraternels. Cette direction va mettre la maison de Finkenwalde, le séminaire de l'Eglise confessante, dans une situation d'illégalité à l'égard de l'Etat !

C'est à partir de cette affaire que le mouvement confessant allemand va se poser la question : faut-il céder ou résister ? Le séminaire de Finkenwalde et son directeur choisirent la voie de la désobéissance, en s'opposant aux ordonnances du ministre du Reich[36]. Bonhoeffer dans un rassemblement (la journée de Bredow), où il prit la parole, déclara : « dans de semblables assemblées, je n'entre pas comme dans une

---
[34] Ibid, p. 544
[35] Bethge, p, 550
[36] Ibid, p. 442

assemblée quaker dans laquelle on doit attendre chaque fois une nouvelle instruction de l'Esprit saint, mais plutôt comme sur un champ de bataille où la Parole de Dieu entre en conflit avec toutes sortes de pensées humaines »[37]. La crise de l'Eglise confessante devint vraiment profonde à partir de l'été 1937 avec des arrestations, des interdictions... de la part du ministère des Affaires ecclésiastiques, ainsi que du ministre de l'Intérieur. Ce mouvement signa la fin du séminaire de Finkenwalde en décembre 1937.

Dieu est « au milieu du monde »

Nous abordons maintenant l'idée du *milieu du monde*, chère à Bonhoeffer à partir de l'année 1939 où il commença à écrire son *Ethique*. Le *milieu* signifie alors que l'homme responsable n'est pas aux frontières, ni aux limites des réalités, mais il est au « centre du monde » et au « centre de l'histoire ». Il s'y trouve immergé.

Si, dans le deuxième tournant de sa vie en 1931-1932, Bonhoeffer théologien avait pris conscience de ce que signifie être chrétien, en 1939 Bonhoeffer théologien chrétien débouche sur la réalité présente du monde, du lieu et de l'époque qui sont les siens[38]. La conscience de sa responsabilité le rend solidaire des autres et prêt à en payer le prix, au lieu de se taire, comme ce fut l'habitude dans les milieux ecclésiastiques. Ce tournant a fait de Bonhoeffer tout à la fois un théologien et un chrétien et un contemporain. En 1932, il a accédé au langage inimitable dans lequel il rédigera sa contribution personnelle à l'histoire de la théologie, dans des livres denses comme *Le prix de la grâce* et *Vie communautaire*. L'évolution de 1939 s'exprime aussi dans deux ouvrages, *Ethique* et *Résistance et Soumission*. Son ancienne expérience sera modifiée : vouloir être chrétien seulement – un disciple obéissant en dehors du temps – aurait été un privilège fatal. La possibilité d'une « vie communautaire », telle qu'il l'esquisse dans son ouvrage, prit définitivement fin au printemps 1940 et la théologie de l'obéissance du disciple, esquissée dans le *Prix de la grâce*, lui fut sujette à caution. La priorité de l'ecclésiologie passa davantage encore à l'arrière-plan. Il fallait assumer la responsabilité de l'avenir terrestre, civique et national[39].

La réalité pour Bonhoeffer désigne toujours le monde tel qu'il a déjà été saisi dans l'incarnation. Il cherche ainsi à éviter aussi bien la conception *positiviste* que la conception *idéaliste* de la réalité, qu'il estime toutes deux des abstractions. Il veut contourner les écueils d'une éthique de situation, purement actualiste, tout en maintenant sa légitimité. Il voudrait dépasser également une éthique des normes, pâle et lointaine, tout en voyant son intérêt pour la conduite. Son travail voudrait donc une fois de plus se situer entre deux positions opposées[40]. Le « monde » est compris dans

---
[37] cité par Bethge, p. 444
[38] Bethge, p. 604
[39] Ibid, p. 604-606
[40] Ibid, p. 644

une perspective où trouvent place la responsabilité historique de l'homme en même temps que l'accueil de ses capacités créatrices. Le rapport entre l'homme et le monde comme lieu du *Regnum Christi* sera pensé à partir du concept de « mandat ». Deux attitudes fondamentales caractérisent l'homme chrétien : christocentrisme et ouverture réaliste au monde.

Son christocentrisme est radical. Le chrétien n'a plus à se poser la question : qu'est-ce qui est encore acceptable pour la foi aujourd'hui ? La vraie question est celle-ci : *qui est le Christ aujourd'hui pour nous ?* Il s'agit non de savoir comment nous allons délivrer le message chrétien aujourd'hui, mais quel est son contenu propre en face de la forme historique prise par le monde occidental. En d'autres termes, comment le Christ souffrant et sans force se trouve-t-il au centre du monde, le déterminant et le libérant par son pouvoir créateur[41] ?

Ce christocentrisme doit se conjuguer avec l'ouverture au monde. Nous devrons prendre conscience d'être « au milieu du monde » - un monde qui est devenu « adulte ». Ce *monde devenu adulte* n'est pas à entendre au sens moral : « devenir meilleur ». Il s'agit d'un phénomène de croissance, d'un état adulte dont les responsabilités ne peuvent plus être révoquées par un retour en arrière[42]. La « sécularisation » moderne est envisagée comme un héritage nécessaire et spécifique du christianisme au lieu d'être dénoncée par lui. Elle n'est plus une sinistre apostasie, mais une responsabilité libre du christianisme ; il s'agit de voir dans la sécularisation une évolution dont l'Eglise aura à rendre des comptes : va-t-elle continuer à la maudire ou y participer en vue d'une humanisation de l'homme ? Car il apparaît clairement aujourd'hui que l'humanisation et l'âge adulte se conditionnent réciproquement de manière irrévocable[43].

C'est dans ce monde devenu adulte que l'Eglise est appelée à être un *lieu* spécifique concret. Elle ne peut pas être définie comme « être », ni comme « acte », mais elle « doit se situer au sein même du monde, qu'elle doit servir, et contre lequel elle n'a pas à se défendre ; son appartenance au monde prend le sens d'un engagement pour et dans le monde », fait remarquer Henry Mottu. De plus, « ce lieu concret, toujours à rechercher, doit se situer non dans les rites et les cérémonies visibles, mais dans « la sphère quotidienne » au sein même de la profanité (ainsi valorisée). Bref, l'Eglise n'a pas à miser sur la religiosité, ni sur la ritualité, mais sur l'action de Dieu qu'elle doit suivre dans le monde »[44].

Conclusion : arrestation de Bonhoeffer et mort

Pour conclure cette partie consacrée à la biographie de Bonhoeffer, nous nous arrêtons sur l'arrestation de Bonhoeffer et sur sa mort. L'arrestation de Bonhoeffer

---
[41] Ibid, p. 787-788
[42] Ibid, p. 789
[43] Ibid, p. 793
[44] cf. Henry Mottu, *Dietrich Bonhoeffer*, Cerf, 2002, p. 69-70

eut pour cause une conjuration contre Hitler en lien avec Gerstenmaier, ministère des Affaires étrangères et son beau-frère Hans von Dohnanyi. Comment comprendre cette implication de Bonhoeffer dans cette « conjuration », dont le recours à la violence semble contraire à la méthode de non-violence et à l'esprit du *Sermon sur la montagne* ?

Bethge en donne l'explication suivante: « Ce n'est que lorsque toutes les voies de l'opposition légale eurent été supprimées et que les responsables officiels des divers départements de la vie publique se furent tus, que vint l'heure de la conspiration. Et lorsque les hommes manquèrent et que pour le théologien qu'était Bonhoeffer, tous les chemins pour échapper à son impasse eurent été explorés, qu'il ne s'opposa plus à cette manière de résister. Au moment où la tyrannie menaça la vie du prochain et le rendit complice, parce qu'elle s'exerçait en son nom, au moment où les moyens passèrent à portée de main, l'heure de la conspiration sonna pour lui, comme une nécessité morale » : « le *cas-limite* conduisit Bonhoeffer à abandonner toutes les sécurités intérieures et extérieures »[45].

Bonhoeffer fut jugé par un tribunal banal et rapide de SS le 8 avril 1945 et il fut pendu le lendemain. Nous célébrons donc le soixantième anniversaire de sa mort en cette année 2005 !

Nous constatons que même si Bonhoeffer fut jeté dans une situation de manipulation politique, il est loin d'être un politique. Le parcours de son histoire nous montre que son engagement fut théologique et éthique, et qu'il se place sous le signe de *soumission* et de *résistance*. Répondre à l'appel du Christ, c'est s'engager en prenant sa responsabilité. Le oui au Christ devient le non à une autorité tyrannique. Ce non ne signifie pas une contestation violente, mais une prise de conscience et un agir de l'homme responsable pour l'amour de Dieu et de l'homme. Bonhoeffer dira dans *L'histoire et le bien* : être responsable c'est agir à ses risques et à périls.

Après cette évocation de la vie de Bonhoeffer, il nous incombe de dégager le fondement théologique de son engagement et nous le faisons en étudiant un texte précis : *L'histoire et le bien*, afin de vérifier le fondement théologique de son engagement. Cette analyse est guidée bien évidemment par notre problématique dont l'enjeu est la question de l'obéissance dans sa pensée théologique et éthique.

---

[45] Ibid, p. 720

L'obéissance dans *Ethique*

L'esquisse biographique nous a montré comment l'obéissance avait inspiré à la fois l'engagement ecclésial et politique de Bonhoeffer. Cette obéissance relevait d'un sens théologique. Pourtant, l'obéissance n'a pas fait l'objet d'une réflexion explicite. Elle n'apparaissait qu'en relation avec d'autres notions telles que la responsabilité et la liberté. Il n'en ressort pas moins que la question de l'obéissance tient une place déterminante chez Bonhoeffer tant dans ses choix que dans sa réflexion.

Si la question de l'obéissance est fondamentale chez Bonhoeffer, comment l'a-t-il élaborée théologiquement ? Quels en sont le fondement et l'enjeu ? Ce sont ces questions qui vont retenir notre attention dans cette deuxième partie de notre travail.

« Le bien et la vie » : le Christ est le oui et le non de Dieu au monde

La question du bien est l'objet déterminant de la recherche d'une éthique chrétienne, comme de toute éthique, ainsi que le souligne Bonhoeffer: « La question du bien nous trouve dans une situation sur laquelle il est impossible de revenir : nous vivons »[46]. Cependant, il n'est pas évident de définir actuellement ce qu'est le bien de façon univoque, alors que nous sommes dans un monde pluraliste. Ce n'était pas non plus évident pour Bonhoeffer, dans le contexte dans lequel il a vécu : un monde dominé par une idéologie totalitaire et une société tyrannique. Il est probable que, dans un tel monde, le bien suprême soit identifié avec l'idéologie dominante !

Comment parler effectivement du bien ? Comment pouvons-nous le déterminer ? Qu'est-ce qui permet de justifier un bien comme tel ? Quel en est le fondement ? Telles sont les questions qui animaient des réflexions de Bonhoeffer sur la question du bien. A ses yeux, le *bien* et la *vie* sont deux éléments étroitement liés. Il montre que la question du bien est indissociable de celle de la vie. En d'autres termes, il est impossible de traiter du bien comme d'une question séparée et isolée de la vie. Il faut mettre en évidence leur réciprocité intrinsèque.

Mais, quels sont des éléments théologiques et éthiques qui vont permettre à Bonhoeffer d'établir cette relation entre la question du bien et celle de la vie ? C'est la question du fondement du rapport entre le bien et la vie. Notre interprétation de la première partie de *L'histoire et le Bien : Le Bien et la Vie*, voudrait souligner la radicalité de la question du bien et en quoi cette question rejoint celle de l'obéissance.

Mise en question du bien en soi

Pour Bonhoeffer, il n'existe pas un *bien en soi*, indépendant et séparé de la vie, de la situation réelle. Raymond Mengus remarque : « dès 1930 on trouve (chez Bonhoeffer) une expresse répudiation d'un bien et d'un mal à la Hegel, trop aisément intégrés dans une synthèse qui blanchit jusqu'au mal. Bonhoeffer débusque la

---
[46] Dietrich Bonhoeffer, *Ethique*, Labor et Fides, 1965 (= *Ethique*), p. 173

conception « déterministe » de Dieu qui appuie la distinction morale. Il lui faut l'antithèse d'un vrai mal, irrécupérable. Sans mal radical, point de sérieux moral »[47]. Comment aborder dès lors la question du *bien* ?

La proposition de Bonhoeffer est la suivante : on ne peut traiter la question du bien qu'à partir de la vie. Ce n'est pas une question étrangère à la vie, séparée de la réalité dans laquelle nous sommes immergés. La question du bien est une question vécue dans une situation concrète. Elle nous est imposée par la réalité : « Notre question n'est pas de savoir ce qui est bon en soi, mais ce qui l'est, compte tenu de la vie donnée, pour nous qui vivons »[48]. Compte tenu de la vie donnée, comment formuler la véritable question du bien ?

La question du bien doit être élaborée à partir de celle de la vie ou plutôt elle ne peut être comprise qu'à partir de la vie. Elle est étroitement impliquée dans la vie. Autrement dit, la question du bien est identique à celle de la vie. Ce lien vital signifie que la question du bien « se pose et trouve sa réponse au sein de chaque situation déterminée et pourtant inachevée, unique et pourtant passagère, au centre de nos liens vivants avec les hommes, les choses, les institutions et les puissances, c'est-à-dire dans notre existence historique. La question du bien est inséparable de celle de la vie et de l'histoire »[49], précise Bonhoeffer. Il n'existe pas, par conséquent, une notion du *bien en soi*, pur et abstrait. C'est seulement à partir de la vie que nous pouvons parler du bien, c'est-à-dire d'une situation déterminée.

Mais, que veut dire une situation déterminée ? Chaque situation historique est un élément déterminé et déterminant pour la question du bien : elle est un élément indispensable pour juger et évaluer le bien. Une situation déterminée ne signifie pas un état clos. Elle ne peut pas s'enfermer sur elle-même, ni nous enfermer en elle. Elle est le lieu concret, événement et destinée, non pas un lieu limité qui nous enfermerait dans un destin. C'est pour cela que Bonhoeffer dit : une situation est « déterminée, pourtant inachevée, unique, pourtant passagère »[50]. Nous ne sommes pas les créateurs de la réalité, mais les inventeurs de la situation en tant que sujet de la liberté, non pas réduits à la servilité face à une réalité. Une situation déterminée s'inscrit alors dans une relation. Cette relation ne traduit pas la relativité de la réalité, mais elle signifie que c'est seulement dans « nos liens vivants avec les hommes, les choses et les puissances » qu'une situation est déterminée et devient un événement en rapport avec la question du bien. C'est seulement de ces relations que naît la question de la responsabilité ; c'est aussi à partir de ces relations que s'impose la question de l'obéissance.

---

[47] Raymond Mengus, *Théorie et pratique chez Dietrich Bonhoeffer*, Beauchesne, 1978, 151
[48] *Ethique*, p. 173
[49] Ibid, p. 173
[50] Ibid, p. 173

De ce point de vue, « la norme absolue d'un bien en soi » est une « notion abstraite », qui domine pourtant, selon Bonhoeffer, la pensée éthique dans une large mesure. *La norme absolue d'un bien en soi* signifie « un homme isolé ». Elle est irréalité, théorie, individu isolé, détaché de sa situation et de son comportement historique. Il est donc douteux, pour Bonhoeffer, qu'« un individu isolé, détaché de sa situation et de son comportement historique » puisse être considéré comme « relevant de l'éthique ». Le bien en soi exclut la liberté. Bonhoeffer souligne, par ailleurs, que *la norme absolue d'un bien en soi* fait du bien « une loi morte, une sorte de Moloch à qui l'on sacrifie toute vie et toute liberté, et qui perd jusqu'à l'autorité d'un vrai impératif, parce qu'elle est une image métaphysique, qui n'a d'existence qu'en soi, sans relation essentielle avec la vie »[51]. Ceci dit : l'irréalité, la théorie, l'existence en soi sont le vocabulaire synonyme qui signifie l'abstraction de *la norme absolue d'un bien en soi*. Une éthique fondée sur l'idée de *la norme absolue d'un bien en soi* « arrache l'homme aux données historiques de son existence, pour les placer dans un vide purement personnel et abstrait »[52].

Bonhoeffer rejette donc cette idée de *la norme absolue d'un bien en soi*, qu'il considère comme un retrait de la vie, de la réalité et de l'histoire. L'éthique comme vie, ne permet pas de vivre en individu isolé. Elle fait obligation, par contre, de se rattacher au corps social, de vivre en lien avec « les hommes », « les choses », « les institutions » et « les puissances ». Une éthique animée par *la norme absolue d'un bien en soi*, peut, par conséquent, conduire à l' « exaltation » des principes. La forme de vie fondée sur cette éthique produit les « grands fanatiques et idéologiques politiques », les « réformateurs extravagants et importuns de toutes nuances ». Il est bien clair que ce n'est pas cette espèce qui fait la véritable éthique, mais c'est la réalité de la vie qui donne sa véritable forme à la vie éthique.

Le *bien en soi* est une « notion » stérile qui fait « abstraction de la vie ». Un tel bien en soi implique une conception de « la vie sans rapport avec la réalité ». Il convient dès lors de détruire cette abstraction du *bien en soi*, qui est en rupture et en opposition avec la vie, pour établir le bien véritable qui est impliqué dans la vie, lié à la réalité. C'est la loi de l'incarnation. La vie et la réalité de Dieu s'incarnent dans le monde par Jésus-Christ, et la réalité du monde est portée en Jésus-Christ. Parler du bien, c'est alors en parler en tant que créature devant le Créateur.

Jésus-Christ : identité entre le bien et la vie

La question du bien comme question éthique n'est comprise qu'à partir de la vie. La vie est réelle ; la vie se concrétise dans le monde où nous habitons. Que signifie donc la question du bien en rapport avec celle de la vie ?

---

[51] Ibid, p. 174
[52] Ibid, p. 174

D'abord, en écartant l'éthique abstraite, fondée sur l'idée de *la norme absolue d'un bien en soi*, nous prenons position en faveur d'une vie réelle. Ce passage, souligné par Bonhoeffer, signifie que l'on se refuse à opposer le bien à la vie[53]. Autrement, le bien se trouve au milieu des réalités de la vie. Mettre une opposition entre le bien et la vie, c'est introduire une rupture entre l'Esprit et la nature, c'est penser la vie sans rapport avec la réalité. Ces oppositions sont contraires à la réalité de Dieu, manifestée en Jésus-Christ. Dépasser la question du bien en soi signifie chercher le fondement du bien dans cette vie elle-même.

Il nous faut déplacer la question du *bien en soi* vers la vie. Pourtant, ce n'est pas de n'importe quelle vie dont nous parlons, mais de celle qui est, pour Bonhoeffer, fondée à partir de cette parole du Christ : « Je suis la vie » (Jn 14, 6 ; 11, 25). Ce fondement de la vie en Jésus-Christ, qui s'identifie lui-même avec la vie, détruit toute « tentative d'exprimer l'essence de la vie en soi ». Il n'y a pas une vie en soi, séparée, isolée, abstraite. La vie véritable et réelle est enracinée en Celui qui est la vie. Cette vie ne peut pas être définie par nous, mais nous est donnée en Jésus-Christ. Nous la vivons seulement à partir de ce donné initial dont la source est Dieu.

De cette manière, la question : « qu'est-ce que la vie », trouve sa réponse en Jésus-Christ : « Il est la vie ». Cette affirmation, dit Bonhoeffer, signifie que la vie n'est pas « un objet », ni « une notion », mais « une personne ». Un être personnel n'est pas compris à partir de « ce qu'il a », mais de « ce qu'il est dans son moi qui est le moi de Jésus »[54]. La vie, habitée par Celui qui est la vie, est l'être, non pas l'avoir : elle se définit à partir de ce qu'elle est, non pas de ce qu'elle a. C'est ce que Jésus a dit : « Je suis la vie », non pas j'ai la vie. C'est par cette vie de Jésus que notre vie trouve le sens et le fondement, comme l'explicite saint Paul en disant : « Christ est ma vie » (Ph 1, 21).

Ce moi de Jésus, qui est la vie, n'est pas « un esprit métaphysique », mais le porteur de ma vie : « Christ est ma vie » (Ph 1, 21) ou « Christ, notre vie » (Col 3, 4). Il en résulte que « ma vie est dehors de moi-même et de mes dispositions ; elle est un autre, un étranger, Jésus-Christ ». Le « Christ est ma vie » ne signifie pas, pourtant, que ma vie est transposée et faite d'une qualité, d'une valeur particulière et d'un contenu propre, donnés par le Christ et pour cela qu'elle ne serait pas digne d'être vécue sans cet autre. Mais, ma vie elle-même est Jésus-Christ[55]. Vivre ma vie, c'est vivre celle du Christ, répondre selon son obligation et son exigence. Ma vie habitée par celle du Christ est la vie dans laquelle Dieu nous impose d'agir comme le Christ.

Ce donné : « Je suis la vie », est à la fois « la parole », « la révélation » et « la proclamation ». Ceci veut dire qu'il est à la fois « l'origine », « l'essence » et « le

---
[53] Ibid, p. 175
[54] Ibid, p. 176
[55] Ibid, p. 176

but » de toute vie, de notre vie[56]. En raison d'une telle proximité entre la vie du Christ et la nôtre, Bonhoeffer estime qu'« il est impossible désormais de parler de notre vie autrement que dans cette relation avec Jésus-Christ ». Par conséquent, vivre la vie du Christ, c'est dire non à notre vie, notre vie déchue : « Le non que dit la Bible à notre vie déchue signifie qu'entre elle et la vie qui est Jésus-Christ se trouve la fin, l'anéantissement et la mort »[57].

Vivre la vie du Christ, c'est dire un non à notre vie déchue, qui devient alors « le oui caché prononcé en faveur d'une vie nouvelle, qui est Jésus-Christ ». Ce oui ne répond pas à une vie métaphysique, mais à une vie réelle, quotidienne qui se cache sous le signe de la mort[58]. Il n'est plus possible de parler de la vie en dehors du Christ et de la réalité créée, réconciliée et sauvée par Dieu en Jésus-Christ. Nous sommes obligés de vivre la contradiction du oui et du non dans le monde : « C'est le oui de la création, de la réconciliation, de la rédemption et le non de la mort et du jugement sur la vie qui a renié son origine, son essence et son but »[59]. Son *origine*, son *essence* et son *but* ne sont pas autre chose que la vie de la créature devant le Créateur. Cette attitude est comprise comme l'obéissance, l'écoute et la réponse de l'homme envers Dieu, exerçant sa liberté et sa responsabilité « au milieu du monde ».

En Jésus-Christ, unité de la contradiction du oui et du non

Mais, comment comprendre l'unité de cette contradiction du oui et du non ? L'acte du non à notre vie déchue et du oui à la vie du Christ, ne risque-t-il pas de dévaluer la création, le fait du monde, de l'histoire ? Cette attitude, ne risque-t-elle pas de tomber dans une sorte de spiritualisme ?

L'unité du non et du oui se traduit sous la forme de l'obéissance : reconnaître la réconciliation de Dieu avec le monde en Jésus-Christ, c'est-à-dire le oui au déploiement des forces de la vie. Et c'est en même temps le « non au reniement de l'origine, de l'essence et du but de la vie […], le non qui signifie mort, souffrance, pauvreté, humilité », etc. L'unité du oui et du non se réalise en Jésus-Christ, qui est la vie nouvelle, « de telle manière que l'on perçoit déjà dans chaque oui le non et dans chaque non également le oui ». En lui, nous assumons ces contradictions entre le oui et le non comme l'unité de notre vie: « déploiement de la force vitale, et sacrifice, croissance et mort, santé et souffrance, bonheur et renoncement, réussite et humilité, honneur et humiliation volontaire »[60].

D'une telle unité de la vie, il est donc impossible « d'autonomiser » un de ces états, et encore moins de les séparer ou de faire valoir l'un contre l'autre. De telles abstractions se rencontrent dans les tentatives d'opposer « une éthique de la vitalité »

---

[56] Ibid, p. 176-177
[57] Ibid, p. 177
[58] Ibid, p. 177
[59] Ibid, p. 177
[60] Ibid, p. 178

et une « éthique de Jésus », opposition qui n'a rien à voir avec le *Sermon sur la montagne*[61]. Dans une éthique de la vitalité, on opère plutôt un déchirement de l'unité de la vie et l'on passe « à côté de la réalité de la vie telle qu'elle est donnée en Jésus-Christ »[62]. L'éthique chrétienne ne peut pas faire « la rupture irrémédiable entre la vitalité et le sacrifice, entre ce qui est « du monde » et ce qui est « chrétien », entre « l'éthique autonome » et « l'éthique de Jésus ». L'action des chrétiens prend sa source « dans la joie de la réconciliation du monde avec Dieu, dans la paix de l'œuvre de salut accomplie en Jésus-Christ, dans la vie qui embrasse tout et qui est Jésus-Christ ». L'unité de la contradiction trouve sa justification en Jésus-Christ en qui « Dieu et l'homme sont devenus un. Le « profane » et le « chrétien » deviennent un par lui dans l'action des chrétiens »[63]. En d'autres termes, en Jésus-Christ, la vie retrouve son unité et la contradiction du oui et du non sera vaincue par l'action de celui qui croit en lui.

Dès lors, l'unité de ma vie se trouve en dehors d'elle-même en Jésus-Christ. Le Christ est le « lieu de rencontre originelle et réelle entre Dieu et l'homme ». Le Christ est l'unité de ma vie en ce qu'il est le lieu de ma rencontre avec Dieu. De cette façon, « on ne peut désormais ni penser ni reconnaître l'homme en dehors de Jésus-Christ, pas plus que concevoir Dieu en dehors de sa forme humaine. C'est en lui que nous voyons l'humanité adoptée, portée et aimée par Dieu et réconciliée avec lui. C'est en lui que nous voyons Dieu sous la forme du plus pauvre de nos frères »[64]. La réalité de Dieu et celle de l'homme trouvent leur concrétisation en Jésus-Christ : « l'homme en soi n'existe pas davantage que Dieu en soi ; les deux sont des abstractions vides. L'homme est celui qui est adopté dans l'incarnation du Christ, aimé, jugé et réconcilié en Christ ; Dieu est celui qui s'est fait homme. On ne peut être en relation avec les hommes sans l'être avec Dieu et vice versa »[65].

Cependant, il nous reste une autre question : comment penser l'altérité et la liberté de Dieu et de l'homme à partir de cette proximité entre Dieu et l'homme ? L'altérité et la liberté, semble-t-il, sont absorbées par la proximité.

Bonhoeffer ne pose pas ici le problème en termes de métaphysique, mais à partir de la réalité éthique. Quand le Christ est le fondement et l'unité de notre vie, notre rencontre avec nos semblables et nos frères « s'accomplit sous le signe du même oui et du même non que notre rencontre avec Jésus-Christ »[66], dans la même pratique et au sein de la réalité. La pratique ne se réfère pas à l'abstraction d'une idée, mais à la vie réelle : « ce n'est pas une qualité de la vie, mais la « vie » elle-même qui est bonne. Etre bon signifie « vivre ». Cette vie de relation soulève évidemment la

---

[61] Ibid, p. 178
[62] Ibid, p. 178
[63] Ibid, p. 179
[64] Ibid, p. 179
[65] Ibid, p. 179
[66] Ibid, p. 180

question de la responsabilité à l'égard de Dieu et de la réalité réconciliée par lui. Vivre pleinement notre vie en Jésus-Christ, c'est vivre notre rencontre véritable avec l'homme et le monde.

Conclusion : vivre la vie du Christ, c'est assumer la responsabilité

A partir de la « mise en question du *bien en soi* » et du fondement de notre vie enracinée en Jésus-Christ, lequel nous permet d'assumer la contradiction du oui et du non au monde, Bonhoeffer veut établir une chose fondamentale, à savoir l'exigence de notre réponse à la Parole de Dieu, c'est-à-dire notre capacité d'assumer la responsabilité dans la vie, dans la réalité du monde réconciliée et aimée par Dieu en Jésus-Christ.

Répondre à la parole de Dieu, c'est lui répondre par « notre vie entière », en assumant la responsabilité qui s'impose pour chacune de nos actions : « être responsable signifie donc jouer le tout de notre vie, agir à nos risques et à périls »[67]. C'est par la responsabilité que nous répondons à la réalité en Jésus-Christ. De plus, la responsabilité au sens biblique, dit Bonhoeffer, n'est pas autre chose que « la réponse que les apôtres, au risque de leur vie, donnent à la question des hommes concernant l'événement christique »[68]. Bonhoeffer justifie cette affirmation à partir de l'exemple de Paul: « La première fois que j'ai eu à présenter ma défense, personne ne m'a soutenu. Tous m'ont abandonné ! Qu'il ne leur en soit pas tenu rigueur ! » (2 Tm 4, 16) ou encore : « Il n'est que juste pour moi d'avoir ces sentiments à l'égard de vous tous, car je vous porte en mon cœur, vous qui, dans mes chaînes comme dans la défense et l'affermissement de l'Evangile, vous associez tous à ma grâce » (Ph 1, 17)[69] . Répondre à la parole de Dieu, c'est donc, comme Paul, risquer sa vie à cause du Christ.

Pour éviter une compréhension partielle, et même habituelle de ce que signifie risquer sa vie à cause du Christ, entendu comme l'acte de défendre Dieu devant l'homme, Bonhoeffer a complété sa réponse par une deuxième proposition qui se réfère à la parole de saint Paul : « Depuis longtemps, vous vous imaginez que nous nous défendons devant vous. C'est devant Dieu, dans le Christ, que nous parlons. Et tout cela, bien aimés, pour votre édification » (2 Co 12, 19). Il s'agit de prendre la responsabilité de Dieu devant l'homme et de l'homme devant Dieu. Bonhoeffer l'a exprimé en termes extraordinaires, bien mieux que je ne pourrais le faire :

« En justifiant devant les hommes le Christ, à savoir la vie – et ainsi seulement – je réponds simultanément des hommes devant le Christ ; je me tiens devant les hommes pour le Christ et devant le Christ pour les hommes. La responsabilité pour le Christ dont je me charge devant les hommes parvient simultanément aux oreilles du Christ

---
[67] Ibid, p. 180
[68] Ibid, p. 181
[69] Ibid, p. 180-181

pour les hommes. La responsabilité pour le Christ devant les hommes est la responsabilité pour les hommes devant le Christ ; c'est en cela seulement qu'elle est ma justification devant Dieu et devant les hommes. Pour répondre aux hommes et à Dieu qui me demandent compte, je ne puis qu'évoquer le témoignage de Jésus-Christ, qui a pris fait et cause pour Dieu devant les hommes et pour les hommes devant Dieu. Toute responsabilité devant Dieu et pour Dieu, devant les hommes et pour les hommes, est toujours la responsabilité de la cause du Christ, et de cette manière seulement celle de ma vie personnelle. Etre responsable n'est autre chose que confesser Jésus-Christ dans mes paroles et dans ma vie »[70].

« La structure de la vie responsable »

Le sens de la responsabilité n'est fondé, pour Bonhoeffer, nulle part ailleurs qu'en Jésus-Christ. En lui, l'action des chrétiens trouve sa source et son fondement. Vivre la vie du Christ, c'est assumer la responsabilité des hommes devant Dieu. Le bien n'est pas une abstraction, mais le bien se vit dans la réalité concrète dans laquelle s'impose à nous la responsabilité envers Dieu et envers l'homme en Jésus-Christ. Tel est le rapport entre le bien et la vie.

C'est à partir de la réalisation du bien dans la réalité devant Dieu et celle du monde dévoilées en Jésus-Christ que Bonhoeffer soulève la question de la responsabilité. Dès lors que la question du bien n'est pas une notion, une abstraction, mais une réalité qui est enracinée dans la vie du Christ, la question de la responsabilité devient une question théologique et éthique qui répond à la question du bien. Autrement dit, si notre vie est la vie du Christ, nous sommes obligés de poser la question de la responsabilité en termes théologiques. Bonhoeffer aborde cette question sous le titre : « la structure de la vie responsable ». Que veut dire : « la structure de la vie responsable » ? La responsabilité se laisse-t-elle traduire sous forme d'une structure ?

En préalable, Bonhoeffer affirme que « la structure de la vie responsable est déterminée par deux éléments : par le lien qui rattache la vie à l'homme et à Dieu, et par la liberté de la vie personnelle »[71]. La responsabilité du sujet est déterminée d'un côté par son rapport à l'homme et à Dieu, et d'un autre côté par la liberté. L'homme, Dieu, et la liberté sont donc les éléments déterminants de « la structure de la vie responsable ». Hors de ces éléments, la responsabilité n'existe pas. Etre responsable, c'est répondre de quelqu'un et de quelque chose ; être responsable, c'est agir en toute liberté envers soi-même et envers les autres. La responsabilité prend « le risque d'une décision concrète »[72]. Par ailleurs, c'est seulement avec la manière d'agir responsable envers nos semblables et la manière conforme à la réalité que nous nous unissons à l'homme et à Dieu. La responsabilité se joue dans la rencontre des autres et dans la relation avec eux.

---

[70] Ibid, p. 181
[71] Ibid, p. 182
[72] Ibid, p. 182

C'est seulement avec cet a priori d'une compréhension de « la structure de la vie responsable » que nous pouvons entrer dans le sens profond des divers aspects de la responsabilité comme « substitution », « conformité à la réalité », « prise en charge de la faute », « liberté » et « conscience », autant d'aspects que développe Bonhoeffer dans cette partie de son exposé. Ces éléments font partie de la responsabilité. Ou plutôt, ils donnent à la responsabilité son sens véritable et concret. Il nous reste à préciser chacune de ces notions qui, ensemble, donnent leur configuration concrète à la responsabilité.

Sur la notion de « substitution »

La *substitution* signifie tout d'abord, selon Bonhoeffer, agir à la place des autres dans des situations données. Cet agir à la place des autres ne signifie pas : prendre la place des autres, mais plutôt : agir pour les autres. Agir à la place des autres, c'est agir dans l'intérêt de son semblable, non pas dans son propre intérêt.

Alors, il y a deux tentatives irresponsables, dit Bonhoeffer : vouloir régner sur les autres ou prendre leur place, ce qui est contraire au sens de la responsabilité et vivre comme si l'on était seul. Ce serait renier également la réalité de sa responsabilité. Le sujet éthique responsable n'est pas un individu isolé, mais associé à plusieurs autres individus[73]. De cette manière, la *substitution* n'est pas autre chose qu'être avec. Personne ne peut échapper à son « devoir de substitution ».

Cependant, dire qu'un individu est responsable, qu'il est associé à plusieurs autres individus, ne signifie pas que l'homme n'est pas responsable quand il n'est pas avec les autres. Mais, « le solitaire lui-même y obéit, lui justement, car sa vie est représentative de l'humanité. La notion d'une responsabilité de soi-même n'a de sens que dans la mesure où elle s'applique à la responsabilité que je porte envers moi en tant qu'homme, parce que je suis homme »[74]. Dans ce sens, il importe peu qu'on soit un individu isolé d'une communauté ou d'un groupe humain. La responsabilité ne peut pas être mesurée selon une quantité représentative, mais elle est alors comprise comme vis-à-vis de soi-même, vis-à-vis des hommes et vis-à-vis de l'humanité. Etre responsable, c'est être capable d'assumer son moi. Mais ce moi est un moi solidaire. En ce sens, dit Bonhoeffer, Jésus a vécu son moi d'un Dieu qui s'est fait homme et qui a ainsi « assumé le moi de tous les hommes »[75]. Il a vécu la vie responsable en se substituant aux autres par sa vie, son action et sa mort.

De cette manière, Bonhoeffer souligne que la substitution est une vie abandonnée aux autres. « La substitution et donc la responsabilité n'existent que dans l'abandon total de toute vie personnelle à autrui. Seul vit de manière responsable celui qui s'oublie ;

---
[73] Ibid, p. 182
[74] Ibid, p. 183
[75] Ibid, p. 183

cela signifie que lui seul vit »[76]. La *substitution* prend ainsi un sens radical: s'abandonner, se donner pour autrui. La *substitution* est synonyme de « l'oubli du soi ». C'est dans l'oubli du soi qu'on devient pleinement responsable.

En Jésus-Christ se manifeste cette véritable responsabilité comme substitution. L'exclusivité de la responsabilité pour les autres, au sens de la substitution, ne doit pas tomber dans l'extrêmisme. Nous devons éviter ici encore deux tentations : « poser le moi en absolu » et « en faire autant du semblable »[77]. La première tentation comporte le risque d'une « violation », d'une « tyrannie ». La deuxième risque d'ignorer la responsabilité de l'autre. La substitution suppose un esprit désintéressé et la prise de conscience d'un soi limité par la responsabilité de l'autre homme. Dans les deux cas, au dire de Bonhoeffer, « on nie que l'origine, l'essence et le but de la vie responsable sont en Jésus-Christ, pour faire de la responsabilité une idole abstraite, œuvre de l'homme »[78]. La vie responsable véritable ne trouve sa source qu'en Jésus-Christ. La vie du Christ est une vie responsable par excellence, dans la mesure où c'est une vie totalement donnée à tout homme pour que chacun puisse devenir à son tour un être responsable.

Ce que nous venons de dire signifie que la substitution en tant que responsabilité est « une relation d'homme à homme ». Pourtant, ceci n'exclut pas une responsabilité envers des choses, des situations et des valeurs dans la mesure où elles passent par le Christ, ajoute Bonhoeffer[79]. Elles sont assumées en responsabilité par le Christ : « par lui, le monde des choses et des valeurs retrouve l'ouverture sur les hommes, qu'il avait lors de la création »[80]. La responsabilité envers les choses doit donc être comprise comme leur destination aux hommes. Elle se transforme en idolâtrie si on attribue aux objets « la domination sur les hommes », ou si on les envisage uniquement sous l'angle de « l'utilité pour l'homme »[81].

La *substitution* est une responsabilité conditionnée. Elle ne prend pas uniquement sens de haut en bas, de gouvernant à gouverné. L'homme responsable est l'homme qui se substitue à l'autre. De cette manière, l'obéissance ou la soumission à l'autre, loin d'être servile, garantit parfaitement la liberté et rend totalement responsable. La vie responsable dans la substitution ne peut prendre sens que dans la mesure où elle est une relation de responsabilité avec d'autres. Cette relation de responsabilité se définit par notre agir, notre abandon, l'oubli du soi et le désintéressement manifestés par la substitution[82].

---

[76] Ibid, p. 183
[77] Ibid, p. 184
[78] Ibid, p. 184
[79] Ibid, p. 184
[80] Ibid, p. 184
[81] Ibid, p. 184
[82] La substitution est comprise par Bonhoeffer en un sens très différent de Levinas pour qui la substitution signifie que je suis responsable d'autrui, non pas seulement à l'égard d'autrui, mais pour autrui, à sa place, une responsabilité sans limite. Je suis responsable même de sa responsabilité. « Cela ne finira jamais ! » (*L'au-delà du verset*. Ed. de Minuit, 1982, p. 106.

A propos de la « conformité à la réalité »

Comment pourrions-nous être responsables, si nous n'étions pas dans le monde, immergés dans la réalité ? La responsabilité n'est pas une idée, ni un concept, mais il s'agit d'un acte concret, d'une situation déterminée. La responsabilité serait absurde, si elle n'était pas conforme à la réalité. La responsabilité n'est pas un système de pensée, mais la pratique éthique conforme à la réalité.

Or, la *réalité*, dont parle Bonhoeffer, signifie à la fois la réalité de l'homme et du monde justifiée par Dieu et celle de Dieu s'incarnant dans le monde en Jésus-Christ. En d'autres termes, la réalité du monde et celle de Dieu se rencontrent et s'accomplissent en Jésus-Christ. La réalité est comprise comme vie « au milieu du monde », puisque le Christ s'est incarné dans le monde. Le Christ est la plénitude de la rencontre entre la réalité avant-dernière, c'est-à-dire le monde réel et la réalité dernière, c'est-à-dire la justification de Dieu en Jésus-Christ. Nous parlerons de son enjeu en rapport avec la question de l'obéissance dans la troisième partie. Il nous faut voir maintenant ce que signifie la « conformité à la réalité » dans ce chapitre.

Ce qui attire l'attention tout d'abord, c'est l'idée de « conformité ». La conformité est le contraire de l'opposition. Elle manifeste la correspondance à une réalité, à une existence. La « conformité à la réalité », au regard de la responsabilité, signifie donc : « L'homme responsable se dirigera vers son prochain en chair et en os, selon ses possibilités concrètes ; son comportement n'est pas fixé une fois pour toutes selon certains principes, mais dicté par la situation donnée »[83]. Cela veut dire que l'homme « n'a pas à sa disposition un principe absolument valable à appliquer fanatiquement, malgré la résistance de la réalité, mais il saisira dans chaque situation donnée ce qui est nécessaire et ce qui s'impose, pour agir en conséquence »[84]. Agir fanatiquement, ce serait agir selon un principe absolu, malgré la résistance de la réalité. Ce serait vouloir imposer son propre programme, selon une loi étrangère, en visant le « bien absolu » sans tenir compte de la réalité.

Il s'agit pour nous, par contre, de trouver en une situation déterminée l'enjeu de l'action et de nous réconcilier avec elle dans la visée d'un « mieux relatif ». Un « mieux relatif » ne signifie pas un total relativisme, mais s'oppose au bien absolu, « le bien absolu pouvant être justement le pire »[85]. La responsabilité conforme à « une situation donnée » ne signifie pas qu'elle soit, « pour le responsable la matière à laquelle il voudrait imposer et appliquer son programme ». Le bien doit être compris dans l'exercice de la responsabilité, qui doit contribuer à le réaliser. La situation donnée est le lieu spécifique, concret dans lequel on exerce la responsabilité et par lequel la responsabilité prend sens. Bonhoeffer dit : le responsable n'imposera pas à

---
[83] *Ethique*, p. 185
[84] Ibid, p. 185
[85] Ibid, p. 185

la réalité « un bien absolu », mais « un mieux relatif ». C'est alors que son action sera « conforme à la réalité » dans le vrai sens de ce terme.

Cette position de Bonhoeffer nous paraît comporter un double enjeu : d'une part, elle évite l'idéalisme d'une responsabilité au-delà de la réalité de l'homme et du monde ; et d'autre part, elle situe l'homme dans son histoire où les principes seront appliqués, mais non au détriment de l'histoire. De ce point de vue, il n'y a pas un principe absolu, donné et valable une fois pour toutes, en toutes circonstances, malgré « la résistance de la réalité ». C'est dans chaque situation donnée qu'on saisira « ce qui est nécessaire et ce qui s'impose, pour agir en conséquence ».

Cependant, dans une situation historique, c'est toujours l'homme qui est le sujet responsable. Il nous faut donc éviter de confondre la « conformité à la réalité » avec des « sentiments serviles devant les faits » dont parle Nietzsche, dit Bonhoeffer[86]. La « conformité à la réalité » ne signifie pas une attitude passive devant une situation. Cette compréhension de la « conformité à la réalité », purement opportuniste, est contraire à la responsabilité qui veut se réaliser dans une situation déterminée. Les « sentiments serviles devant les faits » sont une soumission à la réalité sans résistance. Par ailleurs, dans la « conformité à la réalité », il ne s'agit pas non plus d'agir « au nom d'une quelconque réalité idéale et supérieure », qui ferait absolument l'abstraction de la réalité et ne pourrait conduire qu'à la solution de la révolte. Ces deux attitudes de servilité et de révolte sont extrêmes. Elles n'agissent pas de manière responsable.

Il est évident que nous ne pouvons surmonter ces dangers de la servilité et de la révolte qu'en Jésus-Christ, dit Bonhoeffer. En Jésus-Christ, la « conformité à la réalité » prend son sens véritable. En d'autres termes, il donne à la réalité sa véritable signification : « l'être réel »[87].

Que veut dire alors « l'être réel » ? C'est la réalité qui a en Jésus-Christ son «fondement», sa « justification », sa « suppression », son « oui » et son « non ». Le fait que Dieu est devenu homme signifie : il a « assumé l'homme dans son corps » et a « réconcilié le monde avec Dieu ». La réalité trouve en Jésus-Christ sa signification : elle est justifiée par Dieu. La justification de Dieu, son oui à « assumer l'homme dans son corps » et à « réconcilier avec le monde », rendent l'homme et la réalité humaine dignes d'être le lieu de l'existence divine. Ce ne sont pas l'homme et sa réalité qui sont dignes, mais ce sont la justification et la réconciliation de Dieu qui les rendent dignes. C'est en Jésus-Christ, « Dieu réel », que la réalité trouve son *origine*, son *essence* et son *but*. De cette manière, Bonhoeffer conclut : « une action conforme à la réalité n'est possible qu'en lui et à partir de lui ». Dieu en Jésus-Christ

---

[86] Ibid, p. 185
[87] Ibid, p. 186

est l'origine d'une action conforme à la réalité[88]. En un mot, « l'être réel » est le Christ lui-même.

Nous arrivons maintenant au cœur de l'affirmation de Bonhoeffer : « l'action conforme au Christ est conforme à la réalité »[89]. Etre conforme au Christ, c'est être conforme à son exigence de vie en relation avec l'homme et avec le monde. Etre conforme au Christ, c'est suivre ses traces, les traces de celui qui a « assumé et expérimenté en son propre corps l'essence du réel, qui a parlé à partir de la réalité comme aucun autre, qui n'est tombé dans aucune idéologie, et qui est tout simplement l'être réel, qui a porté en lui et accompli l'essence de l'histoire et dans lequel la loi vitale de l'histoire a pris corps »[90]. Cette vie de Jésus-Christ qui est étroitement conforme à la réalité paraît dans sa parole qui est donc « l'exégèse de son existence et ainsi celle de la réalité, dans laquelle s'accomplit l'histoire »[91]. De cette manière, toute tentative de se détacher de la réalité n'est pas conforme au Christ, et se trouve être contraire à la responsabilité.

Par conséquent, cette affirmation, « l'action conforme au Christ est conforme à la réalité », supprime l'opposition entre un « principe mondain » et un « principe chrétien ». Le monde aimé, jugé et réconcilié par Dieu en Jésus-Christ n'est pas un monde transfiguré. Le monde reste toujours lui-même. L'action conforme au Christ laisse le monde « être ce qu'il est, compte avec lui en tant que tel »[92]. Ce seul comportement signifie que « l'action conforme au Christ est conforme à la réalité ». De cette manière, toute tentative de justifier le sécularisme ou la doctrine de l'autonomie d'une part, l'illuminisme, c'est-à-dire l'éclatement du monde réconcilié avec Dieu en Jésus-Christ d'autre part, serait absurde et tragique. Tragique, parce qu'elle détruirait l'unité de l'action et de la vie chrétienne. Opposer un principe mondain à un principe chrétien, c'est selon Bonhoeffer, tomber dans la tragédie grecque, qui se « représente l'homme comme succombant sous le choc de lois inconciliables ». Dans la situation des lois inconciliables, « on ne peut obéir à l'une qu'en transgressant l'autre »[93].

Bonhoeffer est pourtant conscient que l'héritage antique qui oppose un principe mondain à un principe chrétien, continue d'animer la pensée occidentale, notamment l'éthique protestante[94]. La réconciliation de Dieu avec le monde doit surmonter absolument ce conflit, cette tragédie. Bonhoeffer fait observer : « Ce qui est décisif pour la Bible et pour Luther, ce n'est pas la désunion des dieux exprimée dans leurs lois, mais l'unité de Dieu et la réconciliation du monde avec lui en Jésus-Christ ; ce n'est pas la fatalité de la faute, mais la vie simple à partir de la réconciliation ; ce

---
[88] Ibid, p. 186-187
[89] Ibid, p. 187
[90] Ibid, p. 187
[91] Ibid, p. 187
[92] Ibid, p. 187
[93] Ibid, p. 188
[94] Ibid, p. 188

n'est pas le Destin, mais l'Evangile qui constitue la réalité dernière de la vie, ce n'est pas le triomphe cruel des dieux sur l'homme entraîné à sa perte, mais l'élection de l'homme devenu enfant de Dieu dans le monde réconcilié par la grâce »[95].

Cependant, Bonhoeffer est conscient d'un autre danger, qui consiste à concevoir ces deux principes comme formant une unité[96] par eux-mêmes. La réconciliation entre Dieu et le monde n'est pleinement possible qu'en une seule personne, Jésus-Christ. La non-opposition des deux principes n'est fondée qu'en Jésus-Christ. Considérer l'unité de ces deux principes comme un fait hors de celui qui est le fondement de leur unité, est faux et absurde. Dans cette relation entre deux principes en Jésus-Christ qu'est l'événement de réconciliation de Dieu, nous ne pouvons plus établir une fois pour toutes ce qui est « chrétien » et ce qui est « mondain ». Mais chacun de ces principes est reconnu dans sa particularité dont la responsabilité concrète de l'action doit tenir compte[97].

Nous devons, par ailleurs, éviter une autre mauvaise compréhension. Bonhoeffer déclare que l'action conforme au Christ laisse le monde « être ce qu'il est, compte avec lui en tant que tel », ce qui signifie que nous proclamons l'autonomie du monde. Comment entendre cette autonomie ? L'action conforme au Christ laisse le monde être lui-même, parce que ce monde est déjà aimé, jugé et réconcilié par Dieu. Il reste lui-même, mais il n'est plus lui-même. Dans cette mesure, nous devons dépasser la tentation qui consisterait à vouloir « sauter par-dessus le monde et le transformer en royaume de Dieu » ou « favoriser la pieuse indolence qui abandonne le monde méchant à son destin et ne sauve que sa vertu personnelle ». Par contre, « l'homme est bien plutôt placé dans une responsabilité concrète et par là même limitée qui sait que le monde est créé, aimé, jugé et réconcilié par Dieu, et qui agit en son sein de manière conforme à ce fait ». C'est dans ce monde que nous sommes interpellés par la question de la responsabilité.

Notre responsabilité ne signifie pas, pourtant, que le monde dépend de nous, mais de Dieu : « le monde est le domaine de la responsabilité concrète qui est donné en et par Christ, et non pas une quelconque notion générale dont nous pourrions déduire une systématique personnelle. Celui qui voit dans le monde le bien et le mal en soi, ou un principe composé des deux, n'a pas une position conforme à la réalité ; seul l'a celui qui vit et agit dans une responsabilité limitée et à qui l'essence du monde se révèle nouvelle dans chaque situation », dit Bonhoeffer[98].

De cette manière, nous comprenons que notre action conforme à la réalité est aussi limitée par notre condition de créature, souligne Bonhoeffer[99]. L'homme n'est pas

---
[95] Ibid, p. 188-189
[96] Ibid, p. 189
[97] Ibid, p. 189
[98] Ibid, p. 189-190
[99] Ibid, p. 190

infini et créateur, mais limité et soumis à la réalité du monde. Il n'est pas le tout-puissant, mais il dépend de la grâce. Cette limite ne dit pas que l'homme n'est responsable que d'une partie de la réalité, mais elle montre le réalisme de notre responsabilité. La responsabilité n'est pas une idée, une notion, une intention, mais la praxis réelle dans une situation donnée, déterminée. C'est ce qui fait dire à Bonhoeffer : « elle s'interroge non seulement sur l'intention, mais aussi sur les chances de réussite, non seulement sur le motif, mais aussi sur l'objet ; elle cherche à reconnaître la totalité du réel dans son origine, son essence et son but, la voyant sous le signe du oui et du non divins »[100]. Comme Bonhoeffer l'a dit auparavant : la conformité à la réalité n'exprime pas une attitude de servilité. Nous devons, par contre, tenir compte que « notre tâche ne sera pas de sortir le monde de ses gonds, mais de faire en lieu et place voulus ce qui sera nécessaire, compte tenu de la réalité »[101].

Il est interdit pour l'homme responsable d'agir aveuglement. Il a besoin d'un discernement sérieux avec toute sa connaissance en se mettant devant Dieu, devant ses semblables et devant le monde. Sa source d'orientation et d'action ne se trouve qu'en Jésus-Christ. Il doit donc abandonner entièrement à Dieu le jugement, éliminer toute idéologie de son propre principe. Bonhoeffer conclut : « nous ne pouvons agir de manière responsable et historique que dans l'ignorance dernière de notre bien et de notre mal, à savoir dans la dépendance de la grâce. Celui qui agit selon son idéologie se voit justifié par son idée ; par contre le responsable remet ses actes entre les mains de Dieu, et vit de la grâce et de la bienveillance divines »[102].

La limite de notre responsabilité, venant de notre condition de créatures, est aussi comprise dans notre relation avec le prochain. La responsabilité n'est pas la domination, ni la violation. Elle voit, par contre, dans l'autre le responsable. Notre responsabilité est limitée par celle des autres : « la responsabilité du père ou de l'homme d'Etat est limitée par celle de l'enfant ou du citoyen ». En ce sens, la responsabilité n'est jamais une responsabilité absolue[103].

La question de la responsabilité conforme à la réalité doit compter avec « la grâce de Dieu et le jugement de Dieu » et « la responsabilité du prochain ». Elle prend sens dans cette limite de la relation. Elle trouve sa limite en Dieu et en l'homme, parce qu'en ceux-ci s'enracine son action responsable. Elle est limitée, « parce qu'elle n'est pas son propre maître, infinie et insolente, mais humble et consciente de son état créaturel, elle est portée par une joie et une confiance dernières ; elle se sait à l'abri dans son origine, son essence et son but, qui est le Christ », dit Bonhoeffer[104].

---

[100] Ibid, p. 190
[101] Ibid, p. 190
[102] Ibid, p. 191
[103] Ibid, p. 191
[104] Ibid, p. 191

« La prise en charge de la faute »

Dans « la structure de la vie responsable », Bonhoeffer étend la responsabilité jusqu'à l'idée de « la prise en charge de la faute ». Mais, comment peut-on alors comprendre la responsabilité comme « la prise en charge de la faute » ? Cette position, n'est-elle pas contradictoire avec la responsabilité dans la mesure où elle risque de dévaloriser la responsabilité de l'autre ? « La prise en charge de la faute », ne signifie-t-elle pas accepter entièrement la responsabilité de l'autre qui sera contradictoire avec la responsabilité véritable, dont a parlé Bonhoeffer : notre responsabilité est aussi limitée par celle de l'autre ?

Lorsque la responsabilité n'est pas simplement une fonction, mais une vie donnée, elle comporte également « la disposition à assumer la faute et la liberté »[105]. Ceci n'est pas une idéologie de la responsabilité. Bonhoeffer explique : Jésus a parfaitement assumé cette responsabilité de *la prise en charge de la faute*. Sa venue au monde n'est pas d'abord pour proclamer, ni pour réaliser un nouvel idéal éthique, ni pour élargir sa propre bonté personnelle, mais pour donner son amour à l'homme. La responsabilité vécue par Jésus est la communion de Dieu avec l'homme en se chargeant du péché des hommes. Jésus n'a pas vécu sa vie isolée, séparée de l'humanité succombant sous son péché en se mettant à part, comme un homme parfait, puisque, dit Bonhoeffer, « un amour qui laisserait l'humanité seule dans son péché n'aurait pas pour objet l'homme réel »[106]. La responsabilité prend le sens d'abandon du soi à cause de l'amour.

Bonhoeffer ajoute que, dans le fait de devenir coupable, Jésus agit d'une manière responsable dans l'existence historique des hommes. En d'autres termes, prenant la responsabilité de la faute, il devient lui-même coupable[107]. En renonçant à sa pureté, il entre dans le péché humain pour l'assumer[108]. Mais, étant sans faute lui-même, il est un pécheur, un coupable innocent.

Par conséquent, « puisque Jésus-Christ a porté la faute de tous les hommes, on ne peut agir de manière responsable sans devenir coupable »[109]. Bonhoeffer a tiré une conséquence du fait de la suite du Christ. Nous ne pouvons pas véritablement comprendre la responsabilité sans assumer son exigence : *la prise en charge de la faute*. Cette exigence risque de faire de nous des coupables innocents. « En Jésus-Christ, l'action responsable implique essentiellement ceci : l'innocent qui aime d'un amour désintéressé deviendra coupable »[110].

---

[105] Ibid, p. 195
[106] Ibid, p. 195
[107] Ibid, p. 195
[108] Ibid, p. 196
[109] Ibid, p. 196
[110] Ibid, p. 196

« La conscience »

Cependant, « la prise en charge de la faute » soulève un autre problème : celui de la conscience. La responsabilité jusqu'à devenir coupable à cause de l'autre, n'est-il pas en contradiction avec la conscience qui refuse de sacrifier l'intégrité de l'homme ?

La recherche de Bonhoeffer n'est pas de ré-affirmer l'évidence de l'autorité de conscience. Il est clair, souligne Bonhoeffer, que toute éthique chrétienne est d'accord sur ce point : il ne sera jamais conseillé d'agir contre sa conscience. Mais comment doit-on comprendre cela concrètement ?

En premier lieu, il s'agit de comprendre la conscience par rapport à l'existence humaine en quête de sa propre unité : « la conscience appelle l'existence humaine à être une avec elle-même »[111]. Pour Bonhoeffer, la conscience est témoin en nous d'« une certaine manière d'être ». Alors, elle se manifeste en protestant « contre une action qui met en péril cette manière d'être dans son unité avec elle-même ». Cette première façon d'exister de la conscience est encore très formelle. Toute action qui contredit formellement la conscience, est « destruction de l'être, dégradation de l'existence humaine »[112]. La conscience au sens formel reste toujours témoin de l'existence humaine et garde à ce titre véritablement son autorité. Toute violence contre la conscience sera condamnable.

Cependant, tout cela ne nous permet pas encore comprendre quel est le contenu de son unité ? Il ne suffit pas d'affirmer la conscience comme appel à l'unité de l'existence humaine. Il nous faut poser la question : quel est le fondement de la conscience ?

Le contenu de l'unité de la conscience est tout d'abord en moi la connaissance du bien et du mal. Le moi s'y révèle à la fois autonome et dépendant d'une loi. Il est autonome, lorsque « la voix de la conscience chez l'homme naturel est la tentative du moi, dans sa connaissance du bien et du mal, de se justifier devant Dieu, devant les hommes et devant soi-même, et de subsister dans cette auto-justification ». Il se rabat sur une loi quand il ne trouve pas de « soutien dans sa particularité contingente »[113].

De cette manière, c'est-à-dire dans ce déplacement de l'autonomie du moi vers la loi, l'existence humaine s'aliène dans un au-delà du moi. Ce déplacement signifie la recherche d'un appui sur lequel la conscience voudrait se baser et se décharger. Bonhoeffer donne l'exemple suivant : lorsque le national-socialiste dit : « ma conscience s'appelle Adolphe Hitler », il essaie par là de « fonder l'unité du moi sur un autre que lui-même ». C'est un faux exemple dans la mesure où Hitler ne peut pas

---

[111] Ibid, p. 197
[112] Ibid, p. 197
[113] Ibid, p. 197-198

être la conscience de quelqu'un, mais il est juste de voir dans cet exemple ceci : « la conséquence en est l'abandon de l'autonomie, en faveur d'une hétéronomie inconditionnelle »[114].

Bonhoeffer arrive alors à sa propre thèse : « là où le Christ, vrai homme et vrai Dieu, est devenu le point d'unité de mon existence, ma conscience reste certes cette voix qui procède de mon être authentique et qui m'appelle à l'unité avec moi-même ; toutefois cette unité ne peut plus se réaliser dans le retour à mon autonomie qui vit de la loi, mais dans la seule communion avec Jésus-Christ »[115]. Le Christ est alors le fondement de ma conscience. En lui, je trouve l'unité de la conscience avec moi-même, grâce au Christ qui est mon être authentique, lorsqu'il est devenu l'unité de mon existence. Ma conscience est la conscience libérée en Jésus-Christ. Autrement dit, « c'est lui qui est devenu ma conscience »[116].

Lorsque le Christ est devenu ma conscience, je n'agis plus autrement qu'en lui et comme lui. Mon agir est enraciné en Jésus-Christ qui, pour l'amour de Dieu et de l'homme, devint « le violateur de la loi »[117]. Dans son obéissance à l'amour de Dieu et à celui de l'homme, il a désobéi à la loi qui condamne l'homme. Il enfreignit la loi du sabbat, mangea avec les pécheurs, les publicains, les rejetés, pour l'amour des hommes. En tout cela il a accepté de devenir coupable de la faute d'autrui : « la conscience affranchie de la loi ne craindra pas de participer à la faute d'autrui, pour l'amour de ses semblables »[118]. Elle cherche à comprendre, par contre, la peine concrète du prochain et se rend elle-même solidaire avec lui. La conscience libérée en Christ risque la vie sans crainte. Elle ne dépend plus de l'autonomie du moi, ni de la loi, elle est l'abandon de mon moi à Dieu et à mes semblables.

Par ailleurs, la conscience libérée en Jésus-Christ dépasse « le principe de la véracité » kantienne de la conscience. Ce principe, remarque Bonhoeffer, devient absurde, cruel, quand il veut respecter un principe à tout prix, principe qui, chez Kant, veut qu'on avoue honnêtement au meurtrier que mon ami qu'il poursuit s'est réfugié dans ma maison. Cet acte, loin d'être une action en vérité, est « le refus de me rendre coupable envers le principe de la véracité ». Il ne s'agit pas ici de la question de conscience. Il s'agit de l'abstraction du principe de la véracité. « Le refus donc de porter une faute par amour du prochain me met en contradiction avec ma responsabilité fondée sur la réalité »[119]. La conscience libérée en Jésus-Christ assume la faute d'autrui par amour et prend une responsabilité conforme à l'exigence de Dieu et des hommes.

---
[114] Ibid, p. 198
[115] Ibid, p. 198
[116] Ibid, p. 198
[117] Ibid, p. 198-199
[118] Ibid, p. 199
[119] Ibid, p. 200

Cependant, lorsque le Christ est devenu ma conscience, et que je n'agis que comme lui dans la responsabilité, cela n'est pas aussi simple. Dans la conscience libérée en Jésus-Christ et assumant *la prise en charge de la faute d'autrui* dans la responsabilité, il subsiste une tension.

Premièrement, « la conscience libérée en Christ est elle aussi essentiellement l'appel à l'unité avec moi-même », dit Bonhoeffer. Comment cette conscience, ne détruit-elle pas l'unité de mon être ? En tous les cas, déclare Bonhoeffer, « la prise en charge d'une responsabilité ne doit pas anéantir cette unité »[120]. L'abandon du moi dans le service désintéressé ne signifie pas « la destruction et l'anéantissement de ce moi ». *La prise en charge de la faute d'autrui* trouve aussi sa limite dans « l'unité de l'homme avec lui-même ». Aucune action responsable ne devrait dépasser la limite de sa force.

Deuxièmement, ce que nous venons de voir, à savoir que, pour l'amour de Dieu et de l'homme, Jésus devint le violateur de la loi, n'est pas sans poser question. Comment la conscience libérée en Jésus-Christ reste-t-elle aussi une action responsable devant la loi ? Bonhoeffer présuppose que la conscience naturelle dans la substance de sa loi est concordante avec la conscience libérée en Jésus-Christ. La conscience se préoccupe de la vie elle-même, par conséquent, elle contient « les traits principaux de la loi vitale ». Par ailleurs, la conscience libérée en Jésus-Christ soumet elle aussi l'action responsable à la loi, telle qu'elle est « interprétée dans le Décalogue, dans le Sermon sur la Montagne et dans la parénèse apostolique ».

La responsabilité jusqu'à devenir coupable à cause de l'autre, loin d'être l'acte contre sa conscience qui demande de refuser le sacrifice de l'intégrité de l'homme, est l'acte véritable de l'homme responsable. Pourtant, « il ne le fait pas en présumant insolemment de son pouvoir, mais en sachant qu'il est contraint à cet acte de liberté et qu'en cela, il dépend de la grâce »[121]. Le Christ est le premier qui a parfaitement assumé cette exigence. C'est en lui seul que nous trouvons la justification et la cohérence de cet acte. Hors de lui, la prise en charge de la faute d'autrui comme responsabilité devient absurde et idéologique. Notre acte responsable est réel, parce qu'il a son fondement dans celui qui engage concrètement sa responsabilité dans la réalité.

« La liberté »

Nous arrivons maintenant à la question : comment la responsabilité sera-t-elle possible ? Il est évident pour Bonhoeffer que la responsabilité est la tâche objective de l'homme responsable, parce qu'elle a son fondement en Jésus-Christ. Mais, elle ne

---

[120] Ibid, p. 201
[121] Ibid, p. 202

peut être possible aussi que dans la mesure elle est libre. La responsabilité suppose la liberté. Ces deux notions sont correspondantes, dit Bonhoeffer[122].

La liberté est la capacité de répondre d'une action responsable. Elle s'engage vis-à-vis de Dieu et vis-à-vis de l'homme. En tenant compte des données humaines, elle ne peut pas se mettre à l'abri de ses semblables et des circonstances ou de certains principes[123]. Le responsable, agissant dans sa liberté, doit *observer, juger, peser, décider et agir*. C'est lui qui mesure, examine les motifs, les chances de réussite, la valeur et le sens de son action. Mais cela ne veut pas dire qu'il lui faut des conditions favorables. L'action responsable s'accomplit dans l'engagement. Ceci signifie qu' « elle n'aura pas à se décider simplement pour le droit contre l'injustice, pour le bien contre le mal, mais elle tranchera entre le droit et le droit, entre l'injustice et l'injustice »[124]. La liberté ne signifie pas qu'on fait n'importe quoi et qu'on agit n'importe comment, mais elle agit de façon responsable dans l'abandon du soi qui rencontre Jésus-Christ. En ce sens, Bonhoeffer n'a pas hésité à qualifier l'acte libre de l'homme responsable comme l'acte de Dieu[125].

Bonhoeffer a pourtant posé une autre question : quels sont les rapports entre la liberté responsable et l'obéissance[126] ? Ou existe-t-il une relation entre la responsabilité et l'obéissance ?

Cette question n'est pas neutre, mais elle relève d'une éthique sociale liée à une société dans laquelle Bonhoeffer a fait le constat qu'elle a une compréhension partielle de la responsabilité. La question de la responsabilité nous fait croire alors qu'elle n'est réservée qu'à « un poste responsable ». Bonhoeffer fait remarquer ceci : dans notre société moderne, particulièrement celle d'Allemagne à l'époque, « peu d'hommes ont le privilège de respirer l'air libre des grands espaces où l'on prend des décisions capitales et de connaître le risque d'une action personnelle et responsable ». Par conséquent, l'homme y subit une formation précise et une carrière toute dessinée, privée de force éthique, créatrice et libre. Il n'y a donc que les chefs, les leaders politiques, les hommes d'affaires qui ont l'expérience de la responsabilité. Les petits sont écrasés par la mécanique de la société[127].

C'est là une erreur, à partir de laquelle Bonhoeffer veut mettre en évidence « la notion fondamentale de la responsabilité ». Plus exactement, « il faut donc parler bien plutôt d'obéissance et de devoir que de responsabilité, en ce qui concerne la grande majorité des hommes », dit Bonhoeffer. L'obéissance et le devoir sont l'éthique pour tous. Il n'y a pas « une éthique pour les grands, les forts, les chefs et une autre pour

---

[122] Ibid, p. 202
[123] Ibid, p. 203
[124] Ibid, p. 203
[125] Ibid, p. 204
[126] Ibid, p. 204
[127] Ibid, p. 204-205

les petits, les faibles, les subalternes ». Il n'y a pas « la responsabilité des uns, l'obéissance des autres ; liberté des uns, la servitude des autres »[128]. Dans la question de la responsabilité nous trouvons celle de l'obéissance et dans la question de l'obéissance, celle de la responsabilité, le lien entre obéissance et responsabilité étant indissociable pour tous.

La question de la responsabilité est tout d'abord une question de la relation interpersonnelle. L'homme responsable est l'homme de la rencontre avec autrui. Tous les rapports avec nos semblables restent des rapports responsables. C'est pour cela que Bonhoeffer affirme : « chaque rencontre véritable entre l'homme et son semblable engendre une responsabilité réelle, et aucun règlement ne peut modifier cette situation »[129]. Ce principe est vrai pour tous les rapports entre conjoints, entre parents et enfants, entre amis, patrons et apprentis, maîtres et élèves, juges et accusés..... Ce sont les rapports conditionnés : l'un est vis-à-vis de l'autre.

De cette observation, Bonhoeffer a tiré la conséquence : « La responsabilité ne se trouve pas seulement à côté de l'obéissance, mais encore elle a sa place en son sein »[130]. L'inférieur est astreint à obéir au supérieur, mais il doit être aussi être responsable de sa fonction. Pareillement, le supérieur est responsable de l'inférieur, mais sa responsabilité est aussi limitée par celle de son inférieur. C'est pour cela que Bonhoeffer dit : « l'obéissance et la responsabilité s'engrènent l'une dans l'autre, de sorte que la responsabilité ne commence pas où s'arrête l'obéissance, mais que l'on obéit dans la responsabilité »[131]. Si nous comprenons l'obéissance comme une dépendance, celle-ci n'exclut pas la libre responsabilité. La relation d'obéissance, par contre, doit se considérer plutôt comme responsable l'un de l'autre[132].

Retournons à la question de la liberté. La question de l'obéissance est aussi étroitement liée à celle de la liberté. Leur relation est théologique et éthique. Le rapport entre l'obéissance et la liberté est réciproque. Il est enraciné en Jésus-Christ : « Jésus se tient devant Dieu comme celui qui obéit dans la liberté ». L'obéissance sans liberté devient esclavage, et la liberté sans l'obéissance risque de devenir arbitraire. L'homme, qui agit par obéissance dans la liberté, sait se laisser dire ce qui est bon et ce que Dieu exige de lui et créer lui-même le bien : « L'obéissance agit sans poser la question, la liberté veut connaître le sens de l'action. L'obéissance a les mains liées, la liberté est créatrice. Dans l'obéissance, l'homme observe le Décalogue de Dieu ; dans la liberté, il crée de nouveaux décalogues (Luther) »[133].

---

[128] Ibid, p. 204
[129] Ibid, p. 205
[130] Ibid, p. 205
[131] Ibid, p. 206
[132] Ibid, p. 206
[133] Ibid, p. 206

C'est dans la responsabilité que l'obéissance et la liberté prennent véritablement leur sens authentique. En revanche, l'obéissance et la liberté imposent également à la responsabilité les bornes qui lui évitent le risque de domination et d'arbitraire. Ces trois pôles se conditionnent mutuellement et ont une relation réciproque.

Leur harmonie n'échappe pourtant pas à une certaine tension. La limite entre attachement et liberté, entre autonomie et dépendance, entre domination et soumission n'est pas toujours évidente. Nous ne pouvons surmonter ces conflits qu'en Dieu révélé en Jésus-Christ : « l'homme responsable qui se trouve entre l'attachement et la liberté, qui doit oser agir librement dans son attachement même, ne trouve sa justification ni dans celui-ci ni dans celle-là, mais en Dieu seul qui l'a placé dans cette situation humainement impossible et qui exige de lui des actes. Le responsable abandonne au Seigneur sa personne et ses actes »[134].

« Le lieu de la responsabilité » : la vocation

Nous venons de préciser ce que signifie « la structure de la vie responsable » à l'aide d'autres notions : substitution, conformité, prise en charge de la faute, conscience, liberté. Mais quel est le lieu de la responsabilité ? A partir de l'étude que nous venons d'effectuer, nous savons que le lieu de l'éthique n'est autre que le monde. La responsabilité se joue dans la réalité. Mais serions-nous obligés et capables d'exercer la responsabilité dans un champ illimité d'activité ? De quoi suis-je responsable ? Dois-je être responsable de tout ce qui se passe dans ce monde ? Quel est donc le lieu de ma responsabilité ? La réponse de Bonhoeffer est condensée dans l'idée de vocation.

Mais que signifie la vocation ? Bonhoeffer écarte d'emblée deux significations : la vocation « en tant que domaine délimitée de production » au sens de Max Weber, et la vocation comme « justification et sanctification des ordres profanes en soi », ainsi que l'entend un certain pseudo-luthéranisme. Le sens de la vocation, comme du reste la responsabilité, est parfaitement fondé dans le Nouveau Testament. Bonhoeffer part de cette parole de saint Paul dans sa réflexion sur le lieu de la responsabilité : « Que chacun demeure dans l'état où l'a trouvé l'appel de Dieu » (1Co 7, 20)[135].

La vocation est la rencontre avec le Christ dans laquelle l'homme entend son appel et entre en communion avec lui. Dans cette rencontre, ce n'est pas l'homme qui est premier, en quête de la volonté de Dieu, mais c'est « la grâce qui cherche et trouve l'homme au lieu où il demeure »[136]. Cette priorité de Dieu est justifiée par le fait que Dieu est devenu homme : « La Parole a été faite chair » (Jn 1, 14). Ce lieu de

---
[134] Ibid, p. 207
[135] Ibid, p. 208
[136] Ibid, p. 208

rencontre inclut toute la réalité du monde sans distinction entre « un trône royal, une chambre bourgeoise ou la hutte de la misère »[137]. L'incarnation de Dieu détruit complètement une telle distinction. Le monde est le lieu de rencontre avec Christ, qu'il s'agisse du païen ou du juif, de l'esclave ou de l'homme libre, de l'homme ou de la femme, du marié ou du célibataire[138]. Quelle que soit sa situation de vie, l'homme devra entendre l'appel du Christ et se laisser revendiquer par lui et se donner à lui. Cette vie est sa vocation. A cet égard, Bonhoeffer veut éliminer deux malentendus opposés sur la vocation : celui du protestantisme libéral et celui de la vie monacale.

Premièrement, en mettant l'accent sur l'écoute de l'appel du Christ, Bonhoeffer conteste l'idée que c'est en accomplissant fidèlement ses devoirs professionnels terrestres comme citoyen, travailleur et père de famille, que l'homme s'acquitte de la responsabilité qui lui incombe[139]. Les devoirs professionnels n'ont pas de sens en soi. Bonhoeffer remarque : l'appel du Christ peut diriger l'homme vers des devoirs terrestres, mais il ne peut pourtant pas se laisser épuiser en cela. De plus, à cause d'un conflit insoluble entre une multitude de devoirs, l'homme ne peut pas les accomplir tous. Il est aussi invité à aller au-delà de ses devoirs. Dans le oui au monde, il y a en même temps le non contre le monde. C'est la réponse à l'appel du Christ, et non pas la tâche, qui nous oblige de vivre de manière responsable. En ce sens, souligne Bonhoeffer : « Si donc la tâche qui m'est imposée dans ma vocation est limitée, la responsabilité devant l'appel du Christ déborde toutes les frontières »[140].

Deuxièmement, Bonhoeffer s'en prend à l'erreur du monachisme médiéval qui a tenté de trouver pour la vocation un lieu qui ne soit pas du monde[141]. Bonhoeffer considère que cette tentative d'être hors du monde n'est pas une manière adéquate d'assumer le non que Dieu adresse au monde, ni le oui par lequel Dieu veut se réconcilier le monde. C'est dans le monde que l'homme doit prendre sa responsabilité. En ce sens, Bonhoeffer estime que la solution monacale est fausse : « elle restreint l'espace de la vie responsable entre les murs du couvent, et elle ne peut interpréter que comme un compromis douteux la vie qui tente d'unir dans une responsabilité concrète le oui et le non que contient l'appel de Jésus-Christ à vivre dans le monde »[142]. La vocation prend son sens authentique dans la responsabilité devant l'appel du Christ au monde où Dieu s'est incarné.

Ayant écarté ces deux malentendus, Bonhoeffer redonne sa signification radicale à la vocation. La vocation doit être comprise à partir de la relation avec le Christ. Cette relation avec le Christ donne son ouverture à la responsabilité. Celle-ci est toujours

---
[137] Ibid, p. 208
[138] Ibid, p. 209
[139] Ibid, p. 209
[140] Ibid, p. 209
[141] Ibid, p. 209
[142] Ibid, p. 210

mise en relation avec le Christ, non pas avec une valeur en soi. Cette relation avec le Christ dépasse tout « champ d'action limité » et tout isolement. Un « champ d'action » ne peut pas s'enfermer sur lui-même dans l'isolement, mais il doit s'ouvrir vers l'extérieur. En accomplissant mon service en un lieu concret, je ne peux pas me permettre de limiter le sens de la responsabilité. La responsabilité est « une réponse entière de l'homme entier à la réalité entière »[143]. Elle ne peut pas être restreinte. En d'autres termes, « la nature même de la libre responsabilité nous interdit de définir quand et dans quelle mesure un tel élargissement du « champ d'action limité » est partie intégrante de la vocation et de la responsabilité envers le prochain »[144]. Ma réponse à l'appel du Christ me conduira sur les voies d'ignorance et d'étonnement. Ma juste attitude ne peut être que mon obéissance envers lui. La responsabilité doit éviter un double risque de l'*exaltation* et de la *limitation*. Ma responsabilité ne doit pas reposer sur tel ou tel principe, mais elle sera basée sur l'appel du Christ : « ce n'est jamais le regard vers moi-même, mais seul celui que je dirige vers le Christ, qui peut me libérer et me rendre authentiquement responsable »[145].

C'est avec cette ouverture de la responsabilité au Christ que Bonhoeffer écarte le risque du restreindre le sens de *l'amour du prochain*, critiqué par Nietzsche : « Vous vous bousculez autour du prochain et traitez de bonne action cet empressement. Mais je vous dis : votre amour du prochain est un mauvais amour de vous-mêmes. C'est pour vous fuir vous-même que vous vous approchez de vos semblables, et vous en faites une vertu ! Je perce à jour votre « altruisme »…. Vous conseillerai-je d'aimer le prochain ? Je préfère vous conseiller de le fuir et d'aimer celui qui est éloigné »[146]. Cette critique, pour Bonhoeffer, ne met pas en cause de l'Evangile. Elle nous permet, par contre, de comprendre plus correctement la loi d'amour évangélique. Derrière le prochain, c'est le visage du Christ qui se profile, c'est Dieu lui-même. Pour cela, « celui qui ne voit pas le plus éloigné derrière le prochain, et dans le plus éloigné le plus proche, ne sert pas le prochain, mais soi-même ». Celui-là risque également de comprendre la loi de l'amour comme « une limitation légaliste de la responsabilité à celui qui est mon prochain sur le plan local, social, professionnel et familial »[147].

La vocation est lieu de la responsabilité en ce sens qu'elle est la réponse à l'appel du Christ. Cette réponse se réalise selon les possibilités de l'existence de chacun, dont parle saint Paul : « Que chacun demeure dans l'état où l'a trouvé l'appel de Dieu » (1 Co 7, 20). Ceci dit : ce n'est pas la responsabilité qui signifie la réponse à l'appel de Dieu, mais c'est la réponse à l'appel de Dieu qui suscite l'agir d'une manière responsable. De cette manière, Bonhoeffer voit la signification d' « être fidèle dans le

---

[143] Ibid, p. 211
[144] Ibid, p. 211
[145] Ibid, p. 212
[146] cité par Bonhoeffer, p. 212
[147] *Ethique*, p. 212-213

plus petites choses (Lc 16, 10) et de ne pas « empiéter sur les fonctions d'autrui (1P 4, 15) dans la responsabilité comme vocation »[148].

Cependant, Bonhoeffer ajoute cette précision : « toutes ces consignes restent liées à l'appel du Christ, et ne constituent donc pas de limite à la libre responsabilité devant cet appel »[149]. La loi d'amour maintient la liberté évangélique. Certes, il y a une tension entre la loi et la liberté. Mais elle sera surmontée en Jésus-Christ. Nous ne trouvons pas en lui une exaltation de la liberté sans raison, ni moins une révolte contre la loi, mais une libération, une sanctification de la loi : « la suspension de la loi ne peut servir que son accomplissement véritable ». Dans la liberté, l'homme reconnaît et assume la violation de la loi au bénéfice de la vie, de la vérité : il accomplit la sanctification de la loi dans la violation. C'est de cette liberté que parle Bonhoeffer : « l'homme n'est pas écartelé dans un conflit désespéré, mais il peut commettre un acte insolite en gardant l'unité avec lui-même et la certitude de sanctifier authentiquement la loi tout en la violant »[150].

Conclusion : l'obéissance comme « soumission » et « résistance »

Avant de tirer quelques conséquences de cette lecture sur *L'histoire et le bien*, retournons à notre problématique initiale. Notre premier constat est le suivant : ce n'est pas la foi en Jésus-Christ, obéissant jusqu'à la mort, risquant sa vie jusqu'à devenir le coupable, qui est en cause. Notre question était plutôt : comment opérer la confrontation de notre foi en Jésus-Christ avec la question éthique située dans le contexte qui est le nôtre ? Comment notre obéissance à Jésus-Christ peut-elle être pertinente dans ma situation sociale exposée au risque du totalitarisme et d'une autonomie arbitraire ?

L'intérêt de recours à Bonhoeffer se confirme pour deux raisons. D'une part, la première partie de notre travail qui était de nature biographique a montré que Bonhoeffer a mené son combat dans un engagement concret dans le monde, un monde qualifié par Bonhoeffer plus tard dans ses lettres de prison comme « un monde sans Dieu ». En fait, la question éthique trouve la plénitude de sa signification dans son engagement concret. C'est la raison pour laquelle Bonhoeffer a fortement écarté la notion d'abstraction de la vie dans son traité sur *L'histoire et le bien*. D'autre part, ce traité de Bonhoeffer porte les traces de ses premières expériences profanes, à savoir sa participation à la résistance antihitlérienne. Cette perspective de la société de son pays lui impose la question : comment les chrétiens, par leur vie, peuvent-il apporter une réponse fidèle à Jésus-Christ ? Cette question est toujours pertinente dans le contexte actuel de mon pays.

---

[148] Ibid, p. 213
[149] Ibid, p. 213
[150] Ibid, p. 214

La réponse de Bonhoeffer était la suivante : les chrétiens sont appelés à vivre au sein d'un monde où le nazisme mène à la catastrophe. C'est dans cet esprit qu'il introduit le concept de responsabilité dans l' « éthique théologique ». Dans cette perspective, il est pertinent de tirer de ce traité de Bonhoeffer : *L'histoire et le bien*, quelques conséquences en vue d'une actualisation de sa pensée sur la question de l'obéissance. Telle est mon projet pour une application d'une éthique sur l'obéissance au Vietnam.

L'obéissance dans ce texte de Bonhoeffer est comprise comme « soumission » et « résistance ». Elle s'enracine en Jésus-Christ, si bien que toute sa pensée revêt une dimension christo-éthique. Bonhoeffer refuse de séparer les réalités avant-dernières et les réalités dernières, celles-ci devenant le critère d'évaluation des premières : « En croyant en Jésus-Christ, nous croyons en Dieu devenu homme, crucifié et ressuscité. Dans son incarnation, nous discernons l'amour de Dieu envers sa créature ; dans la crucifixion, le jugement qu'il prononce sur toute chair ; dans la résurrection, sa volonté de créer un monde nouveau »[151].

En fait, en écartant la notion d'abstraction de la vie, de bien en soi, Bonhoeffer renvoie l'homme responsable à la réalité- la réalité du monde, la vie. C'est « au milieu du monde » que Dieu nous adresse ses commandements. Ce sont ses commandements qui obligent, non simplement sa volonté dont remarque Raymond Mengus : « Bonhoeffer parle plus volontiers du commandement (Gebot) que de la volonté de Dieu. C'est qu'il tient à suivre un ordre déterminé, formel. La « volonté de Dieu » risque, à ses yeux, de demeurer vague et vide[152]. Ces commandements ne doivent pas être compris au sens légaliste, mais existentiel. C'est-à-dire qu'ils ont pris corps en Jésus-Christ et sont concrétisés dans la nature des « mandats » que l'homme exerce dans sa responsabilité en relation avec autrui.

Lorsque les commandements de Dieu prennent corps en Jésus-Christ, notre observance des commandements signifie donc notre soumission absolue au Christ, à sa loi évangélique. Habité par lui, c'est-à-dire s'il est notre vie, nous vivons et agissons comme lui. C'est pour l'amour de Dieu et de l'homme qu'il est devenu le coupable, qu'il a pris en charge la faute de l'homme. Cette attitude, loin d'être un esprit servile, passif, signifie que la loi sera donc subordonnée à l'amour. La foi en Christ nous impose d'agir d'une façon responsable envers Dieu et le prochain.

Cette soumission à Jésus-Christ n'est d'une servilité sans liberté. Elle entraîne plutôt l'idée de la résistance. Bonhoeffer n'hésite pas à qualifier la transgression de la loi comme sanctification de la loi elle-même : « La suspension de la loi ne peut servir que son accomplissement véritable »[153]. La transgression de la loi du sabbat de Jésus est un bon exemple pour Bonhoeffer. L'amour de Dieu et de l'homme oblige de

---
[151] Ibid, p. 102
[152] Ibid, p. 94
[153] Ibid, p. 214

désobéir à une loi quand elle devient l'obstacle. La loi n'est pas une notion vide et abstraite, mais elle se concrétise réellement dans le vécu de Bonhoeffer: Accepter la parole de la justification de Dieu lui fait refuser toute discrimination, toute soumission à l'Eglise nationale docile au parti et exige la désobéissance à une autorité tyrannique.

L'obéissance en Jésus-Christ prend alors la forme de la désobéissance : « il faut obéir à Dieu plutôt qu'aux hommes » (Ac 5, 29). De cette manière, nous ne comprenons pas simplement l'obéissance comme soumission, mais encore comme résistance. Quand la liberté et la dignité humaine sont menacées, l'obéissance en Jésus-Christ demande le risque de notre vie. Raymond Mengus a tiré ici cette conséquence : « La transgression peut devenir le test de la responsabilité. Le visage ultime de l'obéissance pourra se déchiffrer sous les dehors d'une humble désobéissance. Il portera les traits d'une faiblesse acceptée, d'un dénuement consenti. C'est alors que l'action a le plus de chances de correspondre à la volonté de Dieu. C'est en se remettant toute à Dieu qu'elle est la plus forte. L'*Ethique* va plus loin : l'agir de l'homme en vient à s'identifier à l'action de Dieu. « L'agir responsable est un risque pris dans la liberté ; il n'est justifié par aucune loi ; c'est bien plutôt dans le renoncement à toute auto-justification qu'il s'accomplit »[154].

Cette analyse du texte nous a montré que pour Bonhoeffer l'obéissance se fonde dans le Christ. Ce fondement christocentrique est-il satisfaisant pour une théologie de l'obéissance ? Cela veut dire que nous devons examiner les affirmations de Bonhoeffer sous un angle critique, et peut-être opérer un déplacement par rapport à sa pensée. Le fondement, tel que le conçoit Bonhoeffer, non seulement heurte une éthique séculière, mais pose la question de l'universalité de l'éthique. Tel que l'envisage Bonhoeffer, l'éthique christocentrée peut-elle soutenir cette prétention à l'universalité ? Tel est l'une des questions que devra aborder notre troisième partie. Nous aurons aussi à en tirer les conséquences pratiques pour notre propre situation socio-politique.

---

[154] Raymond Mengus, *Théorie et pratique chez Dietrich Bonhoeffer*, Beauchesne, 1978, p. 450

**La mise en œuvre d'une éthique de l'obéissance :
fondement et application**

Le texte de Bonhoeffer que nous venons d'analyser pose la question des fondements d'une éthique de l'obéissance et sa mise en œuvre. Dans son traité sur *L'histoire et le bien*, Bonhoeffer se déclare pour un fondement exclusivement christocentrique. Nous venons également de voir que l'obéissance chez Bonhoeffer est comprise comme *soumission* et *résistance*, double attitude d'une liberté responsable, mais celle-ci n'est réellement autonome que si elle est enracinée en Jésus-Christ. L'obéissance n'est pas autre chose que la réponse à l'appel du Christ dans une situation donnée : « Le lieu de ma responsabilité est donc défini par l'appel que le Christ m'adresse »[155]. Comment cette perspective théologique peut-elle devenir la source d'une orientation responsable de notre agir moral ? Est-elle pertinente, et permet-elle de justifier une application crédible dans notre situation socio-politique et culturelle donnée ?

Dans cette troisième partie de notre étude, nous nous interrogerons sur le fondement d'une éthique de l'obéissance en tenant compte l'ensemble de la pensée de Bonhoeffer sur la question. Nous avons déjà indiqué que sa position s'est modifiée au contact de la réalité socio-politique. Si elle doit être « actualisée », c'est évidemment en tenant compte du contexte qui est le nôtre, en particulier celui du Vietnam. On s'interrogera donc sur l'application possible d'une telle éthique, dans un contexte différent de celui qu'a connu Bonhoeffer, sans prétendre établir un *manuel*, susceptible de donner une solution à toutes les situations concrètes, mais en mettant l'accent sur les conséquences qui découlent de la réflexion théologique de ce fondement.

L'obéissance à Jésus-Christ

Dans son article, *Pourquoi la réception de Bonhoeffer est-elle aussi contrastée*[156], Henry Mottu a montré comment Bonhoeffer a été reçu selon l'actualisation de chaque moment de l'histoire. Avec les déplacements sociaux et culturels de l'après-guerre, Bonhoeffer fut compris, en fait, sous des angles différents : « témoin de la foi », « christianisme terrestre », « théologie de la mort de Dieu », « œcuménisme »…. Cette diversité des réceptions dévoile, selon Henry Mottu, que Bonhoeffer était l'homme sensible aux situations d'urgences. Il a développé « une théologie des contradictions voulues, ou plus exactement d'une critique radicale de chaque moment historique »[157]. Pourtant, cela ne signifie pas une pensée ponctuelle, variable au gré des événements. Sa théologie est fondée sur un héritage biblique et une tradition ecclésiale. Notre interprétation ne peut pas ignorer ces caractéristiques de la pensée de Bonhoeffer.

La question de l'obéissance chez Bonhoeffer est adossée aux commandements de Dieu, manifestés en Jésus-Christ, et ils sont au-delà des lois. Nous avons déjà

---
[155] *Ethique*, p. 211
[156] Henry Mottu, « Pourquoi la réception de Bonhoeffer est-elle aussi contrastée ? », *Lumière & Vie*, n°. 264, octobre-décembre 2004, p. 45-54
[157] Ib. p. 52.

souligné l'étroite relation que Bonhoeffer établit entre l'obéissance et les commandements de Jésus-Christ. L'obéissance signifie avant tout que Dieu nous interpelle, ce à quoi le Christ nous appelle. Bonhoeffer s'exprime ainsi dans *L'histoire et le bien* :

« Pour l'amour de Dieu et des hommes, Jésus devint le violateur de la loi : il enfreignit la loi du sabbat pour la sanctifier par amour de Dieu et des hommes ; il quitta ses parents pour être dans la maison de son Père et pour purifier ainsi l'obéissance envers les parents ; il mangeait avec les pécheurs et les rejetés ; par amour des hommes, il fut abandonné de Dieu dans sa dernière heure »[158].

Absoluité de l'obéissance : Nachfolge

Pour manifester l'enjeu de la question de l'obéissance dans *L'histoire et le bien*, nous partirons d'un autre texte sur la suivance de Jésus-Christ : *Nachfolge* (*Le Prix de la Grâce*), qui précède *L'histoire et le bien*. L'objectif de cette lecture est de comprendre le déplacement de la pensée de Bonhoeffer sur la question de l'obéissance d'un contexte à l'autre. Ce déplacement n'est cependant pas simplement dicté par un changement de situation. Comme le dit Henry Mottu : « Toute théologie de la concrétude implique nécessairement une contingence irréductible. Qui veut parler comme Bonhoeffer de la réalité concrète, de l'homme concret, s'immergera dans la situation qu'il interprète au risque de s'y perdre »[159]. Il faut aussi être attentif au déplacement de la réflexion sur la fondation de l'éthique.

S'éloignant quelque peu de la pensée luthérienne sur la grâce et face au nazisme, Bonhoeffer parle désormais d'une grâce qui coûte : nous ne sommes pas sous régime de la grâce à bon marché, qui excuse le péché, mais nous sommes sous le régime de la grâce qui coûte, dont le pécheur doit répondre devant Dieu. Nous ne sommes plus dans le registre de la doctrine, des principes, de la justification de péché, mais dans celui de la réponse exigée par l'appel de Jésus-Christ. Telle est donc l'exigence qui s'impose au disciple du Christ. C'est l'exigence d'une obéissance absolue.

Il est étonnant que Bonhoeffer ait parlé d'une grâce qui coûte : comment une grâce reste-t-elle encore grâce quand elle a un prix ?

En vérité, cette grâce coûteuse, pour Bonhoeffer, n'est pas autre chose que l'obéissance à l'appel de Jésus-Christ. C'est là le cœur de son argumentation. L'appel de Jésus exige d'abandonner les filets pour le suivre, de porter son joug, car son « joug est doux » et son « fardeau est léger » (Mat 11, 28-30). L'appel du Christ comme celui que le Seigneur a adressé à Pierre au bord du lac de Génésareth exige

---

[158] *Ethique*, p. 199
[159] Henry Mottu, « Pourquoi la réception de Bonhoeffer est-elle aussi contrastée ? », *Lumière & Vie*, n°. 264, octobre-décembre 2004, p. 52

l'obéissance du disciple. La seule attitude juste de Pierre, c'est d'abandonner tout pour le suivre.

La réponse du disciple consiste en l'acte d'obéissance immédiat au Christ. Le contenu de l'obéissance est formulé en ces termes : « Suis-moi ! Marche derrière moi ! C'est tout. Marcher derrière lui, voilà qui est bien dépourvu de contenu. Ce n'est pas véritablement un programme de vie dont la réalisation pourrait apparaître chargée de signification, ce n'est pas un but, un idéal vers lequel il faudrait tendre. Ce n'est absolument pas une cause pour laquelle, à vues humaines, il vaudrait la peine d'engager quelque chose, voire sa propre personne »[160]. Cet acte d'obéissance est la confiance totale en Celui qui appelle à sa suite. Cette obéissance se traduit par « la rupture totale de toute programmatique, de toute abstraction, de tout légalisme ». L'obéissance est attachement au Christ qui en est la source et le contenu.

Suivre le Christ, c'est suivre Celui qui a déclaré : « Les renards ont des tanières et les oiseaux du ciel ont des nids ; mais le Fils de l'homme n'a pas où reposer sa tête », « laisse les morts ensevelir leurs morts ; et toi, va annoncer le royaume de Dieu » et « quiconque met la main à la charrue, et regard en arrière, n'est pas propre au royaume de Dieu » (cf. Luc 9, 56b-62)[161].

Suivre le Christ, c'est accepter le renoncement et entrer dans une situation nouvelle, « une nouvelle création de l'existence ». Une telle attitude du disciple ne peut pas se contenter d'une « grâce à bon marché », mais elle signifie « marcher avec lui dans l'obéissance ». Cette suivance du Christ invite à faire l'expérience d'une incertitude, d'une impuissance et la remise de soi à la toute puissance de son Seigneur comme Pierre sortant de son bateau, se jetant à l'eau, pour aller vers Jésus[162].

L'obéissance est fondamentalement le premier pas de la foi comme la réponse immédiate sans condition du disciple à l'appel de son Seigneur. La foi se vit à l'intersection de l'obéissance: « Seul le croyant est obéissant, et seul celui qui est obéissant croit », précise Bonhoeffer[163]. L'obéissance est la conséquence de la foi, et de la foi « vient l'obéissance ». Ceci veut dire que « la foi n'existe que dans l'obéissance, jamais sans elle, que la foi n'est la foi que dans l'acte d'obéissance »[164]. « Seul le croyant est obéissant » signifie que la foi est essentiellement un acte d'obéissance. Par ailleurs, « seul celui qui est obéissant croit », autrement dit l'obéissance seule est capable de la foi. La foi et l'obéissance se conditionnent. Elles ne peuvent pas être séparées. Le manque de foi et l'incrédulité seront alors synonymes de désobéissance[165].

---
[160] Dietrich Bonhoeffer, *Le prix de la grâce*, Delachaux et Niestlé, 1967 (= Le prix de la grâce), p. 33
[161] Ibid, p. 34-35
[162] Ibid, p. 37
[163] Ibid, p. 38
[164] Ibid, p. 38
[165] Ibid, p. 42-43

De cette manière, Bonhoeffer a vu dans l'histoire du *Jeune homme riche* (Mt 19, 16-22) et dans la parabole du *Bon Samaritain* (Lc 10, 25-29) deux attitudes de désobéissance au commandement de Dieu. Le jeune homme riche et le docteur de la loi veulent uniquement questionner et discuter sur le commandement, et non pas s'engager dans une attitude d'obéissance. Dans ces deux récits, la réponse de Jésus est identique : inviter à une liberté dans l'obéissance. « Ce qu'est l'obéissance, c'est en obéissant que je l'apprendrai, non en posant des questions ; ce n'est que dans l'obéissance que je reconnaîtrai la vérité. Au milieu de la division de notre conscience et de notre péché, nous voici atteints par l'appel de Jésus à la simplicité de l'obéissance »[166].

L'obéissance est la compréhension des commandements dans leur simplicité. L'obéissance simple répond à un appel concret du Christ. Là où il n'y a plus une obéissance simple possible, on n'a que la « justification de soi-même », « la grâce à bon marché » ; là où il n'y a plus une obéissance simple possible, on a une « présupposition à la compréhension de l'Ecriture ». Dès lors, « nous n'avons ni le droit ni la possibilité de retourner à la recherche des événements réels derrière la parole de l'Ecriture, mais c'est dans la soumission à la parole de l'Ecriture dans sa totalité que nous sommes appelés à l'obéissance, précisément parce que nous ne voulons pas faire, en vertu de la loi, violence à l'Ecriture en nous appuyant sur le principe, ce principe fût-il une doctrine de la grâce »[167].

L'appel à l'obéissance commande au disciple de renoncer à lui-même. Il est également l'annonce des souffrances du Christ (cf. Mc 8, 31-38). Ce signe de la souffrance est inévitable pour le disciple obéissant : « Si quelqu'un veut venir après moi, qu'il renonce à lui-même, qu'il se charge de sa croix, et qu'il me suive » (Mt 10, 38). La *kénose* de la croix manifeste parfaitement l'obéissance absolue du Christ au Père, décrite par l'auteur de l'Epître aux Philippiens. Le Christ devient le modèle pour le disciple à la suite de son maître : « l'obéissance est une *passio passiva*, une obligation de souffrance »[168]. Le refus de se charger de sa croix signifie la désobéissance au Christ. « Obéir, c'est être lié au Christ souffrant »[169]. C'est seulement la participation aux souffrances du Christ qui nous libère, puisque sa souffrance est une souffrance qui triomphe sur la souffrance du monde, et puisque son « joug est doux » et son « fardeau est léger ».

Finalement, « l'appel de Jésus à l'obéissance fait du disciple un individu isolé ». L'obéissance doit assumer la rupture de la volonté propre du disciple pour entrer en communion avec le Christ : « Si quelqu'un vient à moi, et s'il ne hait pas son père, sa mère, sa femme, ses enfants, ses frères et ses sœurs, et même sa propre vie, il ne peut être mon disciple » (Lc 14, 26). Entrer en relation immédiate avec le Christ, c'est ce

---
[166] Ibid, p. 52
[167] Ibid, p. 58
[168] Ibid, p. 64
[169] Ibid, p. 65

qui est demandé à chaque disciple. Cette obéissance confesse Jésus-Christ, le seul médiateur : « entre le fils et son père, entre l'homme et sa femme, entre l'individu et son peuple, il y a le Christ, le médiateur, qu'ils soient ou non à même de le reconnaître. Pour nous, il n'est plus d'autre chemin qui mène à l'autre que celui qui passe par le Christ, par sa Parole et notre obéissance »[170].

De ce point de vue, une relation immédiate avec le monde est qualifiée par Bonhoeffer comme une « imposture ». Bonhoeffer va jusqu'à poser la question de notre responsabilité envers le monde : « on ne peut être réellement lié aux données du monde créé, on ne peut être vraiment responsable dans le monde, si l'on ne reconnaît le fossé qui, d'abord, nous sépare du monde »[171]. Le dépassement de l'amour du monde en celui du Christ est résumé pour Bonhoeffer dans ces paroles de saint Jean : « n'aimez point le monde » (1 Jn 2, 15) ; mais aussi : « Dieu a tellement aimé le monde qu'il a donné son Fils unique, afin que quiconque croit en lui ne périsse point, mais qu'il ait la vie éternelle (Jn 3, 16)[172]. Bonhoeffer trouve qu'Abraham fut la figure par excellence qui préfigure notre relation d'amour et d'obéissance à Dieu[173]. Dans cette exigence absolue pour le disciple, Bonhoeffer n'a pas oublié que le Christ a précédé ses disciples vers Jérusalem, vers la croix.

Cette exigence d'une obéissance inconditionnelle permet de comprendre le sens de l'interprétation Bonhoeffer donne du *Sermon sur la montagne*. Ce n'est pas parce que les disciples sont indigents que Jésus les dit « heureux », mais parce qu'ils obéissent à cet appel. Les béatitudes demandent le renoncement à tout. « Ceux qui suivent Jésus dans le renoncement à la propriété, au bonheur, au droit, à la justice, à l'honneur, à la violence, se distingueront du monde dans leurs jugements et dans leurs actes ; ils seront choquants pour le monde »[174] . Car, d'une part, la récompense du disciple obéissant sera grande dans les cieux ; d'autre part, la justice du disciple, qui doit être meilleure que celle des pharisiens (cf. Mt 5, 20), est « une justice sous la croix. C'est la justice des pauvres, de ceux qu'on attaque, de ceux qui ont faim, des débonnaires, des artisans de la paix, des persécutés… à cause de l'appel de Jésus ; la justice visible de ceux qui, de ce fait même, sont la lumière du monde et la ville sur la montagne… à cause de l'appel de Jésus »[175].

Les Béatitudes invitent le disciple au renoncement total, au désarmement contre toutes les violences : « ceux qui obéissent à Jésus-Christ vivent, à cause de lui, dans le renoncement à tout droit propre. C'est en tant que débonnaires qu'il les dit heureux » (cf. Mt 5, 38-42)[176]. La loi du talion, pour Jésus, consiste alors « à ne pas résister au méchant ». La façon de vaincre le mal, selon Bonhoeffer, « c'est de ne

---
[170] Ibid, p. 70
[171] Ibid, p. 72
[172] Ibid, p. 72
[173] Ibid, p. 72-73
[174] Ibid, p. 84
[175] Ibid, p. 95
[176] Ibid, p. 106

trouver ni objet ni résistance, d'être au contraire, supporté et subi volontairement. Ici, le mal se heurte à un adversaire contre lequel il n'est plus de taille. Evidemment, cela ne se produit que là où le dernier reste de résistance a été aboli, où l'on renonce sans restriction à répondre au mal par le mal. Ici, le mal ne peut atteindre son but, qui est de créer du mal ; il demeure seul »[177].

Bonhoeffer poursuit l'explication : « la souffrance passe quand on la supporte. Le mal trouve son terme quand nous le laissons déferler sur nous sans nous défendre. Le déshonneur, l'outrage sont manifestés comme péchés quand celui qui obéit ne les commet pas lui-même, mais les supporte sans riposter. L'acte de violence est jugé par le fait qu'aucune violence ne lui est opposée. L'injustice qu'il y a à exiger ma tunique est mise en évidence par le fait que je donne aussi mon manteau ; l'exploitation de mes services est révélée comme ce qu'elle est parce que je ne fixe pas de limite »[178]. Ce commandement s'impose à la fois au « moi en tant que personne privée » et au « moi en tant que porteur d'une charge ». Il exige obéissance sans séparer les deux. Mais, ils doivent être « soumis au commandement de Jésus ». La frontière entre le « moi privé » et le « moi officiel » est limitée. Séparer les deux est ambiguë. Ici, Bonhoeffer donne encore un autre sens de l'obéissance : « communion à la croix de Jésus ». C'est seulement par la communion à la passion et à la croix de Jésus que le disciple montre pleinement au monde son authenticité de disciple.

L'obéissance consiste encore dans le commandement de l'amour pour l'ennemi (cf. Mt 5, 43-48). Le disciple dépasse sa propre souffrance en aimant les autres, notamment les ennemis et en faisant du bien à ceux qui nous haïssent. Cet amour est habité par celui de Jésus sous le regard de la croix.

Bref, la suivance à l'appel de Béatitudes exige du disciple qu'il vive sa foi d'une façon « extraordinaire », « *périsson*, hors ligne, inhabituel »[179]. En cela, la justice du disciple surpasse celle des pharisiens. Le Christ, dont l'amour est manifesté dans sa passion et sa mort sur la croix pour tout homme, est pour eux le sujet de leur obéissance. Cette obéissance au commandement de Jésus-Christ, qui conduit à la passion du Christ, rend les disciples « extraordinaires ». C'est sur ce point que Bonhoeffer critique la fausse interprétation éthique protestante qui a cours en son temps: « c'est la grande erreur d'une fausse éthique protestante que de croire que l'amour du Christ se ramène à l'amour de la patrie, à l'amitié ou à la profession, que la justice meilleure se réduit à la *justitia civilis*. Jésus ne parle pas ainsi. Le fait chrétien dépend du fait extraordinaire. C'est pour cela que le chrétien ne peut s'identifier au monde, car il lui faut être attentif au *périsson* »[180]. Avec l'idée de « perisson », Bonhoeffer refuse d'aligner l'engagement éthique sur une valeur

---
[177] Ibid, p. 108
[178] Ibid, p. 108
[179] *Perisson* : qui dépasse la mesure (cf. Mt 5, 47 ; 1Co 9, 1)
[180] Ibid, p. 118

mondaine, si noble soit-elle, mais renvoie au Christ, dont les exigences sont hors normes.

Cette réflexion théologique sur l'obéissance ne dispense pas Bonhoeffer de s'interroger sur la situation concrète à laquelle il doit faire face. La question est qui s'impose à lui est la suivante : comment vivre cette obéissance face à une autorité tyrannique ?

Le Prix de la Grâce (*Nachfolge*) ne s'interroge évidemment pas sur la nature théorique de l'autorité, mais sur l'application concrète en ce qui concerne « la position du chrétien face aux autorités qui existent réellement ». Vis-à-vis de l'autorité, le chrétien est appelé à « faire le bien », non pas à craindre l'autorité : « Fais le bien ! Voilà ce qui seul importe. Ce qui comptera pour toi, ce n'est pas ce que les autres font, mais ce que toi tu feras »[181]. Faire le bien, c'est agir chrétiennement dans le lieu où les chrétiens se trouvent, « quels que soient les conflits qui puissent les menacer, et non qu'une autorité temporelle soit justifiée ou rejetée »[182]. Vivre au milieu du monde, « non parce que le monde posséderait un caractère bon qui lui serait donné par Dieu, non même parce qui lui, chrétien, serait responsable de la marche du monde, mais à cause du corps du Christ incarné, à cause de l'Eglise »[183]. Le bien ne craint pas la sanction. Si celui qui fait le bien doit souffrir dans son rapport à l'autorité, il est justifié devant Dieu. Faire le bien vise uniquement à vaincre le mal : « ne te laisse pas vaincre par le mal, mais surmonte le mal par le bien » (Rm 12, 21). Bref, faire le bien et obéir à l'autorité se rejoignent uniquement dans la mesure où l'autorité est « la servante de Dieu » (cf. Rm 13). Mais Paul est tout à fait conscient de l'écart qui peut s'introduire entre les « autorités qui exercent le pouvoir », et l'abus auquel le pouvoir expose ceux qui l'exercent.

Cette lecture du *Prix de la Grâce* (*Nachfolge*) a fait apparaître radicalement quel est le fondement de l'obéissance : les commandements de Jésus-Christ. Du coup, l'obéissance renvoie immédiatement à Dieu, à ses commandements, non pas aux lois, moins encore à la réalité. Obéir, ce n'est pas autre chose que répondre exclusivement par toute notre personne aux commandements inscrits dans le *Décalogue*, dans le *Sermon sur la montagne*. Ce fondement est un fondement théocentrique qui devient christocentrique pour le chrétien.

Les commandements exigent alors une obéissance immédiate. Cette obéissance immédiate demande une « rupture totale de toute programmatique » et invite à faire « une expérience incertaine » à la suite du Christ. L'obéissance exclut toute discussion, mais oblige à risquer sa foi : « Seul le croyant est obéissant et seul celui qui est obéissant croit ». L'obéissance immédiate et simple pousse le disciple jusqu'à

---

[181] Ibid, p. 210
[182] Ibid, p. 211
[183] Ibid, p. 213

la participation à la souffrance du Christ (*passio passiva*). Cette relation étroite avec le Christ exclut toute « relation immédiate avec le monde ». La *relation immédiate avec le monde* étant une « imposture », l'attitude du disciple du Christ dans une circonstance donnée ne peut pas être passive, sans résistance.

Cette interprétation de l'Ecriture de Bonhoeffer sur l'obéissance nous renvoie à une autre lecture de la Création et de la chute au chapitre sur *L'amour de Dieu et le déclin du monde*, de l'*Ethique*[184]. Dans ce traité, Bonhoeffer a montré comment la chute était la conséquence de la désobéissance aux commandements de Dieu.

Le point de départ de Bonhoeffer est le suivant : « A l'origine, l'homme ne connaît qu'une chose : Dieu »[185]. Cette affirmation de Bonhoeffer ne s'identifie pas avec la pensée augustinienne ou thomasienne sur orientation de l'homme vers le Créateur : par nature, l'homme serait tourné vers le Bien suprême. Elle exprime plutôt une rupture par la désobéissance quand l'homme prétend connaître par lui-même le bien et le mal. Par sa connaissance du bien et du mal, l'homme « se connaît maintenant à côté de Dieu, en dehors de Dieu, ce qui signifie qu'il ne connaît plus que lui-même et qu'il ignore Dieu ; car il ne peut connaître Dieu qu'en le connaissant lui seul. La connaissance du bien et du mal est donc le divorce d'avec Dieu. L'homme ne peut connaître le bien et le mal que contre Dieu »[186]. Vouloir se connaître, c'est vouloir « se reconnaître lui-même comme étant sa propre origine », « son propre créateur », « son propre juge » et « sa propre origine du bien et du mal ». « Il est devenu comme Dieu. Mais contre Dieu »[187]. L'homme vit dès lors « séparé de Dieu, des hommes, des choses et de lui-même » : séparé de son Créateur, de l'arbre de vie et de son origine véritable.

La Genèse poursuit avec cette parole : « leurs yeux à tous les deux s'ouvrirent et ils surent qu'ils étaient nus. Ayant cousu des feuilles de figuier, ils s'en firent des pagnes » (Gn 3, 7). Bonhoeffer l'interprète : découvrant sa nudité, l'homme a ressenti la honte, plutôt que la repentance : « l'homme a honte parce qu'il a perdu quelque chose qui fait partie de son être originel, de son intégrité ; il a honte de sa nudité »[188]. La façon pour surmonter sa honte consiste à « se voiler » et « se dévoiler ». Derrière ce masque de voile et de dévoilement, l'homme vit sa « division » : un conflit de conscience. L'homme doit maintenant discerner entre ce qui est permis et ce qui est interdit. Son expérience éthique est tendue entre « être et devoir, vie et loi, connaissance et action, idée et réalité, raison et instinct, devoir et penchant,

---

[184] Bethge propose que ce traité de Bonhoeffer a été écrit en mêmes temps avec *Le prix de la grâce* à cause de leur rapprochement du langage. C'est la raison pour laquelle il l'a classé à la tête de l'*Ethique* (voir la préface à la sixième édition).
[185] *Ethique*, p. 1
[186] Ibid, p. 1-2
[187] Ibid, p. 3
[188] Ibid, p. 4

sentiments et utilité, nécessité et liberté, artifice et génie, général et particulier, individu et collectivité »[189].

A l'opposé de cette perspective, Bonhoeffer affirme : l'unité avec Dieu est le chemin véritable de la réconciliation de l'homme avec Dieu et avec soi-même : c'est la reconnaissance de son origine. C'est pour cela que « Jésus demande de surmonter la connaissance du bien et du mal, il réclame l'unité avec Dieu »[190]. L'obéissance prend dès lors le sens de réconciliation. Cette réconciliation est accomplie dans le Christ. L'homme, qui ignore le bien et le mal, ne reconnaît rien d'autre que Dieu et sa révélation en Jésus-Christ historique crucifié, le réconciliateur.

L'absolutisme de l'obéissance sous le feu de la critique

Cependant, ce fondement théocentrique de l'obéissance, à partie de commandements de Dieu, nous laisse encore sur quelques interrogations. Cette absoluité de l'obéissance à la suivance du Christ, ne contredit-elle pas l'autonomie humaine, et ne risque-t-elle pas de tomber dans une utopie intenable ? Bonhoeffer s'expose à plusieurs critiques qu'il convient d'évoquer.

D'abord, « le fondement religieux ultime » de la morale, qui se réclame du premier commandement de la Bible : « Tu peux manger de tous les arbres du jardin », est loin d'être évident. Il s'énonce sous forme d'un interdit : « De l'arbre du bien et du mal, tu ne mangeras pas, car le jour où tu en mangeras, tu deviendras passible de mort » (Gn 2, 16-17), Marcel Neusch remarque : « Ce *théocentrisme* fait difficulté pour les modernes en raison de son hétéronomie : il place la source de l'éthique hors de nous et semble vouloir mettre un frein à la liberté. Nietzsche en est l'adversaire le plus irréductible »[191]. Le principe d'une éthique responsable doit pouvoir se justifier à partir de l'autonomie humaine, sans que la référence religieuse s'impose. On le voit d'ailleurs en Matthieu 25 où les véritables disciples de Jésus ignorent jusqu'à son nom.

Ensuite, ce théocentrisme se heurte, en deuxième lieu, à la critique de Max Weber qui dénonce dans la morale chrétienne « une éthique d'indignité ». Par exemple, à partir d'une lecture de l'Evangile selon Mathieu : 5, 39 : « Tends l'autre joue » sans condition, Max Weber estime le christianisme donne l'avantage à l'agresseur. C'est, en fait, dans ce contexte qu'il introduit la fameuse distinction entre l'éthique de *conviction*, qu'il rencontre chez les pacifistes inconditionnels de son temps ou en version chrétienne, dans le Sermon sur la Montagne, et l'éthique de *responsabilité*, qui anime l'homme politique. L'une entend préserver, quoi qu'il arrive, les valeurs évangéliques ; l'autre regarde aux conséquences de ses actes et n'hésite pas à riposter

---

[189] Ibid, p. 9
[190] Ibid, p. 13
[191] Marcel Neusch, *Les rivages de l'homme*, Bayard éditions / Centurion, 1995, p. 103-104

au mal en recourant à la violence : « s'il est dit, en conséquence de l'éthique d'amour acosmique : « tu ne dois pas résister au mal par la violence », la proposition qui vaut pour l'homme politique est au contraire : « tu dois résister au mal par la violence, faute de quoi tu es responsable de sa propagation »[192].

A ses yeux, cette distinction est radicale, et l'opposition entre les deux maximes est irréductible : « il y a une opposition profonde entre l'action qui se règle sur la maxime de l'éthique de la conviction (en terme religieux : « le chrétien agit selon la justice, et il s'en remet à Dieu pour le résultat »), et celle qui se règle sur la maxime de l'éthique de responsabilité selon laquelle l'on doit assumer les conséquences (prévisibles) de son action »[193].

Enfin, en troisième lieu, l'immédiateté de l'obéissance dans *Le prix de la grâce* comporte un autre risque, bien mis en évidence par André Dumas : « l'immédiateté peut aussi signifier la porte ouverte aux prétentions et aux illusions de l'œuvre pieuse. Le disciple peut n'être qu'un fanatique « psychique » de sa propre décision et de son propre sacrifice. En valorisant le radicalisme de son obéissance, il peut se livrer à la solitude du perfectionnisme et à la vanité du légalisme. Il est alors, par son immédiateté même, livré aux hauts et aux bas de son expérience propre, ardente ou déprimée »[194]. Par conséquent, ajoute André Dumas : « Jésus Christ ne serait qu'un illuministe et le christianisme qu'un messianisme voué, comme tous les messianismes, aux catégories successives de l'enthousiasme et de l'échec »[195].

Face à ces critiques, nous devons poser la question : Bonhoeffer peut-il nous offrir un chemin praticable ? Son éthique de l'obéissance, fondée sur l'interpellation du commandement divin, est-elle en mesure de nouer un dialogue possible avec la culture contemporaine, dans une situation socio-politique précise ? Cette question est vitale pour nous : elle a dicté notre choix initial.

Pour sa part, Bonhoeffer lui-même a pris conscience des dangers de la *Nachfolge*, alors qu'il était à la prison de Tegel, quand il a dû faire face à une réalité qualifiée par lui comme « un monde sans Dieu ». Comment vivre en chrétien dans un monde où les références chrétiennes ont disparu ? Il s'agit d'y vivre non en se targuant de son identité religieuse, mais simplement en homme, à la manière de Jésus, « en vivant pleinement sa vie terrestre », écrit-il dans une lettre à son ami, E. Bethge, datée le 21 juillet 1944 :

« Pendant ces dernières années, j'ai pris conscience, j'ai compris toujours davantage à quel point le christianisme est de ce monde. Le chrétien n'est pas un *homo*

---

[192] Max Weber, « La profession et la vocation de politique » dans *Le savant et le politique*, La Découverte/ Poche, 2003, p. 190
[193] Id, p. 192
[194] André Dumas, *Une théologie de la réalité*, Labor et Fides, 1968, 130-131
[195] Ibid, p. 138

religiosus, mais tout simplement un homme, comme Jésus était un homme par opposition à Jean-Baptiste. Le chrétien est terrestre, non pas de manière plate et banale, comme les gens éclairés, efficaces, nonchalants ou lascifs, mais il est discipliné, et la connaissance de la mort et de la résurrection est toujours présente en lui. Je crois que Luther a vécu de cette manière.

Je me rappelle une discussion que j'ai eu en Amérique avec un jeune pasteur français (Jean Lasserre), il y a treize ans. Nous nous étions posé tout simplement cette question : que voulons-nous faire de notre vie ? Il me dit : « J'aimerais être saint. » (Je crois possible qu'il ait réalisé ce désir). Cela m'impressionna beaucoup alors. Pourtant, je répliquai à peu près : « Moi, j'aimerais apprendre à croire ». Pendant longtemps je n'ai pas compris la profondeur du contraste entre ces deux attitudes. J'ai cru pouvoir apprendre à croire tout en essayant de mener une vie sainte en quelque sorte. L'aboutissement de ce chemin a été pour moi certainement la rédaction du *Prix de la Grâce*. Aujourd'hui, je vois clairement les dangers de ce livre, sans cesser pour autant d'y souscrire.

J'ai compris plus tard et je continue d'apprendre que c'est en vivant pleinement la vie terrestre qu'on parvient à croire. Quand on a renoncé complètement à devenir quelqu'un – un saint, ou un pécheur converti, ou un homme de l'Eglise (ce qu'on appelle une figure de prêtre), un juste ou un injuste, un malade ou un bien-portant – afin de vivre dans la multitude des tâches, des questions, des succès et des insuccès, des expériences et des perplexités – et c'est cela que j'appelle vivre dans le monde – alors on se met pleinement entre les mains de Dieu, on prend au sérieux non ses propres souffrances, mais celles de Dieu dans le monde, on veille avec le Christ à Gethsémané ; telle est, je pense, la foi, la *metanoia* ; c'est ainsi qu'on devient un homme, un chrétien. (cf. Jr 45). Comment les succès peuvent-ils nous rendre insolents ou les insuccès nous troubler si, dans la vie terrestre, nous souffrons de la souffrance de Dieu ? »[196].

Cette lettre nous montre effectivement un déplacement de la pensée chez Bonhoeffer. On y voit s'opérer le passage d'une foi dont l'idéalité est une sainteté hors du monde, à une prise de conscience que la foi se vit dans un monde réel, concret, où elle doit prendre sa responsabilité. Il est évident que cette lettre a été écrite à quelques années après *L'histoire et le bien*. Mais nous avons ici le témoignage de Bethge dont nous avons parlé dans la première partie : à partir de l'année 1939 avec la rédaction de l'*Ethique*, Bonhoeffer est sensible à la réalité présente du monde, à l'espace social et à l'époque historique qui sont les siens.

Mais cette prise de conscience de la réalité concrète répond-elle à la question de l'autonomie morale ? *L'histoire et le bien* n'accorde guère de place à la question de l'autonomie humaine en tant que telle, c'est-à-dire à un sujet qui trouve en lui-même

---
[196] Dietrich Bonhoeffer, *Résistance et soumission. Lettres et notes de captivité*, Labor et Fides, 1973, p. 371-372

la source de sa responsabilité. Bonhoeffer a pris la précaution de préciser cette question d'un fondement autonome en parlant de *l'action conforme à la réalité*. Il explique que l'action conforme à la réalité, qui prend le monde tel qu'il est, ne signifie nullement que ce monde jouit d'une autonomie. A ses yeux, c'est toujours un monde en relation avec Dieu : « Le monde reste ce qu'il est parce qu'il est le monde aimé, jugé et réconcilié en Christ »[197].

L'autonomie ne peut être abordée qu'à partir de la responsabilité, telle qu'elle se dégage de son traité *L'histoire et le bien*. Si la liberté a l'apparence de l'autonomie, elle est étroitement liée et subordonnée à la responsabilité. Bonhoeffer précise en effet : « Responsabilité et liberté sont des notions correspondantes. La responsabilité suppose – objectivement et non pas temporellement – la liberté ; celle-ci ne peut exister que dans la responsabilité. La responsabilité est la liberté que confère aux hommes l'attachement à Dieu et au prochain »[198]. La responsabilité n'est pas dissociable de Dieu, elle est comprise comme la liberté d'agir à cause de l'amour de Dieu et de l'homme.

C'est pour cela que Bonhoeffer dit, par ailleurs, dans *L'histoire et le bien* : « Nous conférons ainsi à la notion de responsabilité une plénitude que l'usage habituel ne lui accorde pas, même où elle est devenue une donnée d'une haute qualité éthique, comme chez Bismarck et chez Max Weber. [...]. Dans le sens biblique, la responsabilité est avant tout la réponse que les apôtres, au risque de leur vie, donnent à la question des hommes concernant l'événement christique »[199]. La liberté chez Bonhoeffer n'est pas autonome, mais elle est la capacité de répondre à Dieu et à l'homme : « La responsabilité pour le Christ devant les hommes est la responsabilité pour les hommes devant le Christ ; c'est en cela seulement qu'elle est ma responsabilité à l'égard de moi-même devant Dieu et devant les hommes »[200].

Denis Müller voit dans cette dernière affirmation de Bonhoeffer une autonomie responsable. Il écrit : « La théologisation de la responsabilité tend à reconnaître une certaine autonomie de l'humain par rapport au divin. L'homme est responsable de répondre à Dieu, mais il est également responsable des hommes devant Dieu (en Christ), cette responsabilité doit donc comporter une dimension intra-mondaine »[201]. En d'autres mots, Raymond Mengus a lui aussi exprimé l'idée qu'il y a l'affirmation d'un certaine autonomie du sujet chez Bonhoeffer : « l'autonomie ne signifie pas automatiquement repli sur soi. Elle n'exclut pas la prise de la responsabilité : elle l'appelle, elle s'y accomplit »[202].

---

[197] *Ethique*, p. 189
[198] *Ethique*, p. 202-203
[199] Ibid, p. 180-181
[200] Ibid, p. 181
[201] Denis Müller, « Préface à la 4ème édition française », dans *Ethique*, Labor et Fides, 1997, p. XXVIII
[202] Raymond Mengus, *Théorie et pratique chez Bonhoeffer*, Beauchesne, 1978, p. 422

Cette démonstration rapide n'a pas eu pour but de justifier la pertinence de la question de l'autonomie chez Bonhoeffer, mais de montrer comment l'idée de l'obéissance s'est déplacée avec l'évolution de sa pensée, passant d'une relation immédiate au Christ à sa médiation dans les situations existentielles. La *Nachfolge* ne suffit pas à justifier le fondement éthique de l'obéissance. La clé d'interprétation doit s'appuyer maintenant sur l'idée que nous exprimons par l'articulation entre *obéissance* et *réalité*.

Articulation entre obéissance et réalité

En s'écartant du langage du *Prix de la Grâce*, c'est-à-dire du disciple obéissant en dehors du temps, Bonhoeffer accentue davantage l'aspect de la réalité dans l'*Ethique* et dans *Résistance et soumission*. C'est dans la réalité que Dieu adresse ses commandements aux hommes ; c'est dans la réalité que l'homme exerce sa liberté et assume sa responsabilité.

Mais, comment la réalité peut-elle contribuer à fonder une éthique de l'obéissance chez Bonhoeffer ? Nous poursuivons maintenant notre recherche en précisant d'abord la notion de réalité et ensuite en montrant l'enjeu pour la question de l'obéissance.

Comment comprendre la réalité ?

Pour comprendre ce que Bonhoeffer met sous le terme de réalité, il nous faut partir de l'articulation qu'il établit entre *les réalités dernières* et *avant-dernières*. Cette articulation est capitale chez lui, à telle enseigne qu'il avait l'intention de diviser son *Ethique* en deux parties : *La Préparation du Chemin* et *l'Avènement*. Ceci correspond à la division du livre en deux parties : les réalités avant-dernières et dernières[203].

Bonhoeffer remarque que la théologie protestante accentue trop la réalité dernière, à savoir la justification par la grâce seule et par la foi seule. La justification par la grâce et par la foi est la « dernière Parole ». Elle est, selon Bonhoeffer, « l'origine et le contenu de toute vie chrétienne ». De cette façon, « la vie chrétienne n'est pas ce que l'homme est en soi, mais ce qu'il est dans cet événement ». La vie chrétienne n'a de sens que dans cet événement de la justification par Dieu : « la totalité de la vie est comprise dans cet événement ». Dès lors, « le passé et l'avenir de la vie entière convergent pour devenir un dans le présent de Dieu. La faute passée est plongée dans l'abîme de l'amour divin en Jésus-Christ, l'avenir sera sans péché pour celui qui est né de Dieu (1Jn 3, 9) »[204]. La grâce et la foi sont les réalités dernières dans lesquelles l'homme est justifié.

---

[203] cf. E. Bethge, « Préface du 9 avril 1948 aux cinq premières éditions », dans *Ethique*, Labor et Fides, 1965, p. X.
[204] *Ethique*, p. 93

La justification est la Parole dernière. Elle est dernière, parce qu'elle vient de Dieu, qui fait grâce une fois pour toutes. Mais en attribuant une telle exclusivité à la justification, Bonhoeffer n'a pas oublié de poser la question existentielle : l'homme peut-il vivre selon ces seules réalités dernières ?

Bonhoeffer estime que, pour rendre pleinement compte de la réalité humaine, il faut mettre en évidence le rapport entre les réalités dernières et avant-dernières, en montrant comment « la Parole de Dieu qui justifie est Parole dernière *dans le temps* »[205]. La Parole de justification est précédée par un temps avant-dernier. Ceci donne à l'obéissance chez Bonhoeffer son sens profond : l'obéissance n'est pas simplement un acte de foi pur, mais un agir éthique. L'homme chrétien, pour Bonhoeffer, n'est pas hors du monde, mais « au centre du monde ». L'homme au centre du monde est « l'homme réel ». L'homme doit obéir aux commandements de Dieu et exercer son obéissance dans le monde.

La relation entre les réalités avant-dernières et dernières est théologiquement et éthiquement étroite. Leur rapport fait éviter deux extrêmes : la solution *radicale* et la solution de *compromis* à l'égard de la justification. Pour la solution *radicale* ou *radicalisme* du christianisme, le monde présent n'a plus du sens, parce que les réalités dernières sont en totale rupture avec les réalités avant-dernières. Le Christ est la condamnation pour le monde. Le monde est radicalement déchu devant la réalité dernière. En revanche, la solution de *compromis* considère que les réalités avant-dernières sont autonomes. Elles ne peuvent pas être menacées par les réalités dernières ou confondues avec elles. La responsabilité du monde est radicale. Ces deux solutions sont extrêmes. L'une exclut l'autre, alors que Bonhoeffer pense l'une dans l'autre. Chacune se considère comme absolue. Cette exclusivité conduit à un conflit insoluble « entre création et rédemption, entre temps et éternité ». Dans un tel raisonnement, « l'unité de Dieu lui-même est rompue », la foi et la responsabilité n'ont aucun lien. Bien évidemment, « la vie chrétienne ne consiste donc ni dans la voie du radicalisme ni dans celle des compromis »[206].

Pour sortir de cette polémique entre la solution radicale et celle du compromis, nous devons les réunir dans une seule réalité, la réalité de Dieu et celle de l'homme. Or, cette réalité devient une en Jésus-Christ[207]. En Jésus-Christ, « c'est la réalité de Dieu et des hommes qui prend la place du radicalisme et du compromis. Il n'y a pas de christianisme en soi : il détruirait le monde ; il n'y a pas d'humanisme en soi : il exclurait Dieu. L'un et l'autre sont des idées ; seul le Dieu-homme Jésus-Christ est réel ; c'est lui qui maintiendra le monde jusqu'à ce qu'il soit mûr pour la fin »[208]. De cette manière, la foi en Jésus-Christ n'exclut pas la responsabilité dans le monde,

---
[205] Ibid, p. 96
[206] Ibid, p. 99-100
[207] Ibid, p. 47
[208] Ibid, p. 100

mais la responsabilité prend sa source pour s'orienter et agir dans le monde dans la foi en Jésus-Christ.

En Jésus-Christ, l'opposition entre les réalités dernières et avant-dernières se trouve surmontée. L'incarnation, la mort et la résurrection du Christ disent l'unique réalité du Dieu qui fait grâce au monde et se réconcilie avec lui. Par l'incarnation, « Dieu entre dans la réalité créée ». La crucifixion signifie que « les hommes vivent maintenant sous le signe de la croix » : le jugement définitif de Dieu contre la création déchue, la condamnation à mort du monde. Cette condamnation, loin d'être l'anéantissement du monde, dit que « la réalité dernière s'est concrétisée dans la croix ». Et enfin, à la résurrection, « l'homme Jésus a fait don aux hommes de la résurrection ». Ce don se réalise dans les réalités avant-dernières, dans le monde vécu par le Christ. C'est en Jésus-Christ que « la réalité de Dieu rencontre celle du monde ». Nous ne pouvons pas comprendre Dieu et le monde en séparant ces trois événements, sinon nous tombons dans les extrêmes du *radicalisme* ou du *compromis* : « une éthique chrétienne qui se baserait uniquement sur l'incarnation mènerait à une solution de compromis ; une éthique basé sur la croix et la résurrection seules tomberait dans le radicalisme et l'exaltation », écrit Bonhoeffer[209].

En Jésus-Christ, les réalités dernières et avant-dernières ne peuvent pas être séparées, ni opposées, mais elles sont réconciliées en Dieu qui rencontre la réalité du monde par l'incarnation, la mort et la résurrection du Christ. Nous comprenons ainsi que la foi en Jésus-Christ comporte une double polarité : l'obéissance et la désobéissance. C'est-à-dire l'obéissance en raison de la justification de Dieu imputée au monde, et la désobéissance en raison de la condamnation du monde. En d'autres termes, nous vivons la contradiction entre le oui et le non. Dans *L'histoire et le bien*, Bonhoeffer écrit : « c'est le oui de la création, de la réconciliation, de la rédemption et le non de la mort et du jugement sur la vie qui a renié son origine, son essence et son but »[210]. En Jésus-Christ, cette contradiction est parfaitement assumée. Cette double exigence fait également tomber les deux extrêmes du *radicalisme* et du *compromis* : la réalité de Dieu et celle de l'homme ne font qu'une. La foi comme obéissance et désobéissance signifie la responsabilité dans la liberté libérée par le Christ dans le monde. Il nous faut « agir à nos risques et périls », souligne Bonhoeffer dans *L'histoire et le bien*. Ce monde est la réalité justifiée par Dieu en Jésus-Christ dans lequel je dois répondre en toute responsabilité.

Cette unité entre les réalités dernières et avant-dernières éclaire une autre notion : « au milieu du monde » qui renvoie à la réalité d'une situation historique. L'affirmation de la réalité dernière comme la réalité suprême de Dieu ne supprime pas le monde, ni ne revêt le monde d'une vision religieuse, mais elle exprime bien

---
[209] Ibid, p. 102
[210] Ibid, p. 177

plutôt le oui de la foi à la révélation[211]. Ce rapport entre la réalité dernière et la révélation donne le sens à l'ensemble de la vie. La révélation est accomplie en Jésus-Christ. Dès lors, « le problème de l'éthique chrétienne est la réalisation parmi ses créatures de la réalité révélée de Dieu en Christ, comme le problème de la dogmatique est la vérité de la réalité révélée de Dieu en Christ »[212]. L'éthique chrétienne relève du rapport entre la « réalité » et la « réalisation », entre le « passé » et le « présent », entre l' « histoire » et l' « événement ».

La réalité, en tant que la réalisation, le temps, l'histoire et l'événement, signifie : « la foi chrétienne déduit du fait que la réalité de Dieu s'est rendu témoignage et s'est révélée au cœur du monde réel, que cette réalité divine est autre chose qu'une idée. En Jésus-Christ, la réalité divine est entrée dans celle de ce monde. Le lieu où les questions de la réalité de Dieu et de celle du monde trouvent simultanément leurs réponses, est désigné par le seul nom de Jésus-Christ »[213]. La signification de cette affirmation est double : le monde réel est lieu de la réalisation de la réalité de Dieu et le Christ est la plénitude de la rencontre entre la réalité de Dieu et celle de l'homme. Le monde déchu n'est pas exclu à cause de la justification par Dieu. Il remplit, par contre, un rôle radical comme lieu du salut, lieu de réconciliation entre Dieu et l'homme, lieu où vivre la foi et l'agir éthique. Le Christ a par excellence pleinement vécu dans le monde. L'initiative de Dieu dans l'incarnation nous dit une seule chose : « la réalité divine ne peut s'ouvrir à moi qu'en m'engageant entièrement dans la réalité du monde »[214]. Le monde est le lieu de concrétisation de la révélation et de l'éthique chrétienne. Vivre dans le monde signifie alors vivre la réalité de Dieu dans le monde et la réalité du monde dans celle de Dieu[215].

C'est ce que signifie vivre « au milieu du monde », selon l'expression de Bonhoeffer : l' « au milieu du monde » n'est pas à côté du monde, mais au centre de l'histoire. Au « milieu du monde », la « pensée bicéphale » est surmontée. Il n'existe plus d'opposition entre profane et religieux, entre naturel et surnaturel, entre temporel et spirituel, entre l'autonomie des ordres du monde et la loi du Christ, entre le royaume du monde et celui de Dieu…. L'au-delà de cette bicéphalité est l'unité entre deux réalités ou plutôt « il n'y pas deux réalités, mais une seule ; c'est la réalité de Dieu révélée en Jésus-Christ dans celle du monde »[216].

C'est cette union que Bonhoeffer désigne comme « l'effectualité du mouvement de l'histoire »[217]. Dans ce mouvement de l'histoire, le chrétien ne peut pas se séparer de « ce qui est du monde », en opérant un « retrait hors du monde ». Cette unité interdit de rendre indépendants le domaine chrétien et le domaine mondain. Séparer ces deux

---
[211] Ibid, p. 152
[212] Ibid, p. 153
[213] Ibid, p. 156-157
[214] Ibid, p. 157
[215] Ibid, p. 157
[216] Ibid, p. 159
[217] Ibid, p. 159

domaines, chrétien et mondain, c'est refuser au monde l'alliance et la réconciliation de Dieu en Jésus-Christ. De cette manière, la participation du chrétien au monde ne le sépare pas du Christ. Le retrait risque de faire de la révélation une dévalorisation du monde et la spiritualisation du Christ.

Mais, à partir d'une telle unité sans séparation entre la réalité de Dieu et celle du monde, une autre question se pose : comment surmonter l'opposition entre l'empire du Christ et celui du diable ? Du point de vue du Nouveau Testament, le Christ et son adversaire, Satan, sont « des forces qui s'excluent l'une et l'autre ». Allant jusqu'au bout de son raisonnement, Bonhoeffer écrit : « le diable ne peut que servir le Christ ; celui qui désire le mal en est réduit à faire le bien, de sorte que l'espace de Satan se trouve toujours sous les pieds de Jésus-Christ »[218]. Le Satan doit aussi obéir au Christ.

L'obéissance prend chez Bonhoeffer une forme hétéronome. Elle est l'obligation à l'égard de Dieu. Vivre la réalité de Dieu et celle du monde, c'est vivre en désobéissance vis-à-vis du mal et dans l'obéissance à Dieu et à ses commandements, commandements qui mettent l'homme, encore une fois, « au milieu du monde ». C'est à propos de cette vie « au milieu du monde » que Bonhoeffer a aussi parlé des *mandats*. Il s'agit toujours de la concrétisation et de la réalisation de la réalité de Dieu, et de la rencontre entre la réalité divine et celle du monde. Cette vie au milieu du monde relève d'un *mandat* donné par Dieu aux hommes sur terre. En vivant la réalité de Dieu dans le monde et celle du monde en Dieu, l'homme accomplit un *mandat*, que ce soit dans le travail, le mariage, l'Eglise, les ministères, etc. C'est par ces *mandats* que se concrétise « au sein du monde » le rapport avec le Christ[219]. La réalisation de mandats est la prise de la responsabilité au monde

La réalité comme lieu de vérification de l'obéissance

Ce que nous venons d'examiner montre que la réalité revêt une double signification. Premièrement, elle désigne la rencontre entre la réalité de Dieu qui veut se réconcilier avec l'homme et celle de l'homme jugé et réconcilié avec Dieu. Ce mouvement est accompli en Jésus-Christ. Deuxièmement, la réalité est le lieu dans lequel l'homme exerce sa liberté et assume sa responsabilité, celle-ci trouvant en Christ le motif d'agir et son fondement ultime.

De là découle la question : pourquoi la réalité est-elle le lieu de vérification de l'obéissance ? La réponse tient en ceci : parce qu'elle est le lieu de rencontre entre la réalité de Dieu et celle de l'homme en Jésus-Christ, et le lieu où l'homme réalise sa liberté et sa responsabilité. Ceci dit, la réalité comme lieu de vérification de l'obéissance comporte à la fois une dimension théologique et une dimension éthique. Théologique, car elle est un lieu habité par Dieu en Jésus-Christ et réconcilié par lui.

---
[218] Ibid, p. 164
[219] Ibid, p. 167

Ethique, car la responsabilité n'est ni une idée, ni une notion abstraite, elle est l'engagement de l'homme libre et responsable dans une situation déterminée, dit Bonhoeffer.

D'abord, considérons l'aspect théologique. Nous avons vu que Bonhoeffer affirme, au sujet de l'action conforme à la réalité : « L'action conforme au Christ est conforme à la réalité. Ce n'est pas une exigence idéale, mais une déclaration qui prend sa source dans la connaissance du réel. Jésus ne s'oppose pas à la réalité, comme si elle lui était étrangère, mais c'est lui seul qui a assumé et expérimenté en son propre corps l'essence du réel, qui a parlé à partir de la réalité comme aucun autre, qui n'est tombé dans aucune idéologie, et qui est tout simplement l'être réel, qui a porté en lui et accompli l'essence de l'histoire, et dans lequel la loi vitale de l'histoire a pris corps »[220].

Cette affirmation de Bonhoeffer nous fait comprendre plusieurs choses. Premièrement, pour être conforme à l'appel du Christ, notre réponse doit être conforme à la réalité, pour la raison suivante : le Christ a assumé en son corps l'essence du réel et accompli l'essence de l'histoire. Deuxièmement, notre action conforme à la réalité doit être aussi conforme au Christ. André Dumas le souligne : « La réalité dont parle Bonhoeffer consiste en un monde déjà habité par le Christ incarné. Le positivisme comme l'idéalisme ne sont, à ses yeux, que des compréhensions abstraites de cette réalité-là. Le réalisme de Bonhoeffer effectue une analyse christologique du concret, qui n'est ni la superposition de l'œuvre de Dieu à la défaillance de l'homme, ni le relais par l'homme du retrait de Dieu, mais la façon qu'a Dieu d'assumer comme homme en Jésus-Christ le monde et la façon qu'a l'homme de suivre cette responsabilité, jusqu'au point où elle se remet sans se démettre »[221].

Ensuite, regardons l'aspect éthique. A propos de la « conformité à la réalité », nous avons également vu comment Bonhoeffer a commenté son idée sur la *conformité à la réalité* : « L'homme responsable se dirigera vers son prochain en chair et en os, selon ses possibilités concrètes ; son comportement n'est pas fixé une fois pour toutes selon certains principes, mais dicté par la situation donnée. Il n'a pas à sa disposition un principe absolument valable qu'il aurait à appliquer fanatiquement malgré la résistance de la réalité, mais il saisira dans chaque situation donnée ce qui est nécessaire et ce qui s'impose, pour agir en conséquence. La situation donnée n'est pas pour le responsable la matière à laquelle il voudrait imposer et appliquer son programme, mais elle se trouve comprise dans l'action en contribuant à la façonner »[222].

---

[220] Ibid, p. 187
[221] André Dumas, *Une théologie de la réalité : Dietrich Bonhoeffer*, Labor et Fides, 1968, p. 19
[222] *Ethique*, p. 185

Nous avons déjà examiné ce que signifie ce passage dans la deuxième partie de notre travail. Il nous suffit de souligner ici que la responsabilité a un rapport étroit avec la réalité et comment la réalité comme situation donnée nous impose une responsabilité. C'est pour cela que Bonhoeffer a ajouté : le lieu de responsabilité est aussi limité, c'est-à-dire qu'elle a un « champ d'action limité ». Cela ne veut pas dire que notre responsabilité est partielle, mais elle tient compte de notre propre limite, ainsi que du fait qu'elle est limitée par la responsabilité de l'autre. Cette prise de conscience nous évite un double risque de servilité et de révolte à l'égard de la réalité.

Ces deux dimensions théologique et éthique ne trouvent bien évidemment leur sens véritable qu'en Jésus-Christ. A travers les traités théologiques que nous avons examinés dans ce travail, nous constatons que la christologie comme justification de Dieu règne dans la pensée de Bonhoeffer d'un bout à l'autre. Mais c'est de cette manière seulement que Bonhoeffer a pu surmonter deux tendances extrémistes comme le positivisme et l'idéalisme, compromis et radicalisme dans l'action chrétienne. En Jésus-Christ, les réalités dernières et avant-dernières sont étroitement liées. La réalité dernière, loin d'être destructrice des réalités avant-dernières, donne leur sens à celles-ci.

Encore une fois, André Dumas précise: « Habituellement, la théologie ordonne l'avant-dernier (la nature, la culture) en vue du dernier (la surnature), qui le parachève. Ou encore, si nous passons de la tradition catholique à la tradition protestante, le dernier (la grâce) rejette l'avant-dernier vers l'insignifiance, voir vers le péché. Or Bonhoeffer, de manière très originale en éthique, commence par le dernier, qui fonde et sauvegarde l'avant-dernier, de même que le Nouveau Testament et la résurrection nous renvoient vers l'Ancien Testament et vers l'ici-bas de la terre. La parole dernière, qui est la justification, tourne le croyant vers l'avant-dernier, qui est la vie naturelle et l'entreprise culturelle, puisque le Dieu de la grâce nous commande, non de le chercher vers les confins, mais de le rencontrer dans le milieu de la terre »[223].

La réalité n'est pas une idéologie, mais *l'être réel* que Jésus lui-même a assumé. La réalité est la réalité habitée par le Christ. De cette manière, notre obéissance ne peut se réaliser qu'en lui : « l'action conforme au Christ est conforme à la réalité ». L'obéissance ne peut être ni radicalisme, ni compromis. Elle est conforme à la réalité dans laquelle le Christ nous appelle à agir. De cette manière, nous comprenons l'enjeu impliqué chez Bonhoeffer dans son déplacement de la « structure de la responsabilité » en « lieu de la responsabilité ». Il ne se contente pas d'une définition sur la structure de responsabilité, mais il concrétise la responsabilité dans un « lieu ». Ce lieu de ma responsabilité est, selon Bonhoeffer, « défini par l'appel que le Christ m'adresse » en ce lieu[224].

---
[223] André Dumas, *Une théologie de la réalité : Dietrich Bonhoeffer*, Labor et Fides, 1968, p. 172
[224] *Ethique*, p. 211

Il est bien évident que notre réponse à l'appel du Christ nous oblige à conjuguer *soumission* et *résistance*. La réalité comme lieu de vérification de l'obéissance n'est pas le lieu de servilité, mais un espace de liberté et de responsabilité dans lequel nous nous engageons à cause de notre foi en Jésus-Christ, foi en celui qui, à cause de l'amour de Dieu et de l'homme, agit à ses risques et périls. De cette manière, *L'histoire et le bien*, se révèle d'une parfaite cohérence.

L'obéissance comme réponse à une situation

Sous ce titre, j'envisage de tirer quelques conséquences pratiques de la pensée de Bonhoeffer, ainsi que de sa vie. D'une part, nous venons d'examiner comment les commandements sont bien situés dans la réalité. D'autre part, la question de l'obéissance chez Bonhoeffer n'était posée qu'à partir d'une situation concrète dans laquelle la liberté, les valeurs humaines, les droits de l'homme sont menacés, menace qui prend la forme, pour reprendre les mots de Bonhoeffer, de la divinisation de l'irrationnel, du sang, de l'instinct, de la barbarie, de la violence, de la politisation de la science, de l'art, etc[225]. Or, c'est dans cette situation que se pose la question : l'obéissance à Jésus-Christ me permet-elle d'avoir un agir moral pertinent ?

Pour éviter une incompréhension dangereuse, il faut immédiatement souligner : cette proposition ne signifie pas que l'obéissance au Christ dépend d'une situation. Elle est plutôt à comprendre ainsi : dans une situation donnée l'obéissance au Christ nous oblige à agir comme sujet responsable à l'égard de l'amour de Dieu et de l'homme.

La situation comme lieu d'interpellation à l'obéissance

Le déplacement théologique de l'*absoluité* de l'obéissance à la *réalité* correspond au parcours de la vie de Bonhoeffer. Il s'est posé la question : que veut le Christ pour nous aujourd'hui dans notre situation concrète ? Ce déplacement de Bonhoeffer ne signifie pas qu'il veut donner la primauté à la réalité sur la foi en Christ, ou sur l'obéissance au Christ, ni non plus substituer à l'éthique de conviction exprimée dans la *Nachfolge*, une éthique de la responsabilité, au sens de Max Weber. Mais sa question consiste en ceci : comment vivre la foi dans la réalité ? Comment l'acte d'obéissance au Christ nous permet-il d'affronter la réalité du monde dans laquelle nous avons à prendre notre responsabilité ? Telles sont des questions qui ont modifié la réflexion de Bonhoeffer, sans contradiction.

L'obéissance à Jésus-Christ est alors comprise comme l'incarnation de l'homme responsable dans la réalité. De plus, la réalité n'est pas du tout un fait auquel nous devons adapter nos convictions, nos principes, mais l'événement dans lequel le sujet responsable doit prendre un risque à cause de l'amour de Dieu et de l'homme : « agir

---
[225] Ibid, p. 35

au risque et au péril » de sa vie. La situation interpelle l'homme à être responsable et obéissant.

Nous avons vu comment Bonhoeffer a critiqué le principe de la véracité kantien dans *L'histoire et le bien* : « Lorsque Kant, partant du principe de la véracité, en arrive à la réduction absurde qu'il faut avouer honnêtement au meurtrier, pénétrant dans ma maison, que mon ami qu'il poursuit s'y est réfugié, alors la propre justice de la conscience, qui s'aggrave ici jusqu'à devenir criminelle, barre le chemin à l'action responsable. Si la responsabilité est la réponse entièrement conforme à l'exigence de Dieu et des hommes, le caractère partiel de la réponse d'une conscience liée à certains principes est ici cruellement mis en relief. Le refus de me rendre coupable envers le principe de la véracité à cause de mon ami, de mentir expressément – car toute tentative de camoufler ce mensonge procéderait de la conscience légaliste et propre juste [sic] – le refus donc de porter une faute par amour du prochain me met en contradiction avec ma responsabilité fondée sur la réalité. Cela apparaîtra clairement dans l'acceptation responsable de la faute et de l'innocence d'une conscience liée au seul Christ »[226].

De cette manière, l'obéissance au Christ peut prendre, dans certaines situations données, la forme d'une désobéissance à l'égard de certains principes établis et de certains ordres imposés. Il est alors demandé à l'homme obéissant d'être vigilant, et de refuser un principe quand celui-ci ne peut plus protéger la vie. Nous l'avons déjà appris de Bonhoeffer dans la deuxième partie : l'obéissance comme *soumission* et *résistance*. L'obéissance au Christ ne signifie pas une foi pure, sans attention au monde, une sorte du *spiritualisme* dont Bonhoeffer a pris la précaution de se distancer, mais elle assume pleinement la responsabilité dans le monde. Dans cette perspective, Bonhoeffer combine parfaitement l'éthique de foi et l'éthique de responsabilité.

Par ailleurs, lorsque nous parlons de l'obéissance comme réponse à une situation, ceci n'est pas une concession à une « éthique de situation », dans laquelle le sujet moral est passif. Il s'agit plutôt d'une « éthique en situation » dans laquelle l'être moral est toujours le sujet responsable dans les limites et les contraintes que lui impose la situation. En d'autres termes, la situation demande au sujet responsable d'appliquer convenablement un principe éthique. Marcel Neusch remarque : « Si l'éthique a un fondement absolu, l'agir éthique se réalise toujours dans des situations contingentes, et la conscience reste l' « inéluctable référence » dans les choix concrets de l'existence. Ce principe vaut aussi pour les sociétés plurielles que sont les nôtres. Dans le concret de l'organisation de la société, l'éthique ne peut pas avoir d'autre ambition qu'une amélioration réaliste de la justice sociale, selon les règles propres à la société démocratique, divisées sur les convictions ultimes. L'éthique chrétienne ne peut pas exiger de la société autre chose qu'un consensus, même si elle

---
[226] *Ethique*, p. 199-200

doit travailler à réaliser ce consensus sur la base des valeurs les plus hautes »[227]. Par ailleurs, ce sujet responsable est aussi conditionné par la situation en développant lui-même sa personne. Geneviève Médevielle écrit ainsi : « Le procès de développement d'une personne comme sujet moral responsable demande alors d'être éclairé. Ce procès est structuré et médiatisé par la liberté, mais dépend aussi et surtout d'une option fondamentale méta-éthique. L'autocréation de la personnalité se fait par l'accueil de la vérité et de la fidélité de l'existence au sein d'une histoire. C'est pourquoi la création de la personnalité n'est pas une donnée acquise une fois pour toutes, mais vocation et engagement inépuisable. Or cette tâche n'est pensable que sur fond de fidélité à un projet, une intention de vie. Cette fidélité ne se découvre qu'en prenant corps par l'action dans le contexte historique et culturel »[228].

Nous avons vu dans la deuxième partie comment Bonhoeffer a critiqué Nietzsche au propos de la « conformité à la réalité » : « Le responsable n'imposera pas à la réalité une loi étrangère, son action est plutôt « conforme à la réalité » dans le vrai sens de ce terme. Cette notion de conformité demande à être définie plus précisément. Ce serait la méconnaître entièrement et dangereusement que de voir en elle ces « sentiments serviles devant les faits » dont parle Nietzsche, qui cèdent à chaque pression, justifient par principe le succès et déclarent conforme à la réalité ce qui est opportun. Dans ce sens-là, la « conformité à la réalité » serait le contraire de la responsabilité, serait irresponsabilité »[229].

Etre le sujet libre responsable dans une situation déterminée, voilà l'attitude de l'homme obéissant. Cette confirmation n'est pas seulement justifiée chez Bonhoeffer par sa réflexion théologique, mais encore par ses propres décisions concernant sa vie et la vie des autres à chaque moment historique.

Bethge a témoigné que le dernier voyage de Bonhoeffer aux Etats-Unis en juin 1939 était inspiré par les motifs qu'il décrit ainsi : « La perspective de pouvoir faire quelque chose contre l'isolement de l'Eglise confessante, le vieux principe de Bonhoeffer selon lequel l'Eglise allait au-devant de sa propre ruine si elle ne pouvait libérer certains hommes chargés de mission , comme il l'avait déclaré à propos d'Ebeling, et enfin l'espoir de pouvoir esquiver la décision de refuser le service militaire en temps de guerre, en cas d'appel aux armes »[230]. Mais, peu de temps après, dans une lettre à Niebuhr, Bonhoeffer écrit : « J'ai fait une erreur en venant en Amérique. Je dois traverser cette période difficile de notre histoire nationale avec les chrétiens d'Allemagne. Je n'aurai pas le droit de prendre part à la reconstruction de la vie chrétienne en Allemagne après la guerre, si je ne partage pas les épreuves de ce temps avec mon peuple…. En Allemagne, les chrétiens auront à affronter la terrible

---

[227] Marcel Neusch, *Les rivages de l'homme*, Bayard/ Centurion, 1995, p. 110-111
[228] Geneviève MEDEVIELLE, « Le nouvel horizon de la théologie morale dans un espace public pluraliste », in. *Mélanges de J. Doré*, Desclée, 2002, p. 203-204
[229] *Ethique*, p. 185
[230] E. Bethge, *Dietrich Bonhoeffer. Vie-pensée – témoignage*, Labor et Fides, 1969, p. 577

alternative ou de vouloir la défaite de leur nation pour que survivre la civilisation chrétienne, ou de vouloir la victoire de leur nation et par conséquent la destruction de notre civilisation. Je sais laquelle de ces solutions je dois choisir ; mais je ne puis faire ce choix dans la sécurité »[231].

Bonhoeffer est finalement rentré en Allemagne en juillet 1939. En prison, il a exprimé qu'il n'a pas regretté cette décision. Il a conscience d'avoir agi de bonne foi en tenant compte de la nécessité de partager le destin de l'Allemagne. Dans une lettre à Bethge datée du 22 décembre 1943, il écrit : « Sache que je n'ai jamais regretté un seul instant mon retour en 1939 ou quoi que ce soit de tout ce qui est arrivé ensuite. J'ai agi dans une sérénité absolue et en toute bonne foi. Je ne voudrais effacer de ma vie aucun des événements personnels (sinon, serais-je fiancé ? serais-tu marié ?), pas plus que Sigurdshof, la Prusse-Oriental, Ettal, ma maladie avec ton assistance, la période berlinoise, ni aucun des événements collectifs. Que je sois arrêté maintenant (te rappelles-tu ce que je t'ai prédit, au mois de mars 1942, concernant cette année-ci ?) s'inscrit dans la participation au destin de l'Allemagne, que j'avais décidée. Je pense au passé sans formuler aucun reproche, comme j'accepte le présent, mais je ne voulais pas être ébranlé, dans ma certitude, par des manipulations humaines. Nous ne pouvons vivre que dans la certitude et la foi, toi avec les soldats, moi dans ma cellule »[232].

Cette lettre nous révèle que Bonhoeffer s'est aperçu que la foi n'a de sens que dans la mesure où elle répond à chaque situation concrète. De plus, la fin de sa vie, en participant au destin de l'Allemagne, accomplit la parole de Karl Barth dans sa lettre à Bonhoeffer en 1933. C'est dans cette lettre que Karl Barth a fait comprendre à Bonhoeffer que sa responsabilité se joue dans la situation propre à son pays. Je cite un extrait de cette longue lettre de Barth à Bonhoeffer :

« Dans la suite de la nouvelle série de cahier, où paraissent dans les cahiers 3 et 4 des choses plus ou moins actuelles de moi, vous verrez combien de peine j'ai moi-même à me défendre d'une certaine lassitude. Mais, n'est-ce pas, nous n'avons pas le droit d'être fatigués maintenant ? Et encore moins d'aller en Angleterre. Au monde, que voulez-vous faire là-bas ? Félicitez-vous de ne pas être personnellement devant moi, car j'insisterais alors bien davantage sur mon exigence, en vous demandant de laisser tomber tous les entrelacs de votre pensée et toutes vos considérations, sans doute très intéressantes, pour ne voir qu'une chose : Vous êtes Allemand, la maison de votre Eglise est en feu ; vous savez assez de choses, que vous exprimez assez bien, pour être apte à lui prêter secours ; vous deviez retourner à votre poste par le prochain bateau, ou par le suivant. Je ne saurais insister assez : votre place est à Berlin, non à Londres »[233].

---

[231] cité par Bethge dans *Dietrich Bonhoeffer*, p. 583
[232] Dietrich Bonhoeffer, *Résistance et soumission*, Labor et Fides, 1973, p. 185
[233] Dietrich Bonhoeffer, *Textes choisis*, Le Centurion, Labor et Fides, 1970, p. 309

L'obéissance au Christ ne peut se réaliser ailleurs que dans une situation concrète, lieu d'interpellation de la responsabilité. Cette conviction, Bonhoeffer l'a assumée pleinement, jusqu'au bout.

La situation comme « lieu de la responsabilité »

« Le lieu de ma responsabilité est donc défini par l'appel que le Christ m'adresse », dit Bonhoeffer. Cette parole est à entendre en un double sens : premièrement, la responsabilité n'est que la réponse à l'appel du Christ. Deuxièmement, la responsabilité n'est déterminée qu'à partir d'une situation dans laquelle le Christ appelle.

Pourtant, cela ne veut pas dire que l'appel du Christ dépend de la situation ou de ma volonté, mais c'est dans la situation que j'entends l'appel que le Christ m'adresse. C'est ce que Bonhoeffer précise en écrivant : « Ce n'est pas l'homme qui se met en quête de la grâce là où elle se trouve – Dieu habite une lumière inaccessible (1Tm 6, 16), mais c'est la grâce qui cherche et trouve l'homme au lieu où il demeure – « la Parole a été fait chair » (Jn 1, 14) – et le revendique là précisément »[234].

De cette manière, nous trouvons la dynamique d'une éthique de l'obéissance. La foi en Jésus-Christ ne peut pas être hors de la réalité, hors de temps. Nous constatons comment les tournants socio-politiques ont transformé Bonhoeffer de théologien conscient d'être chrétien en un théologien chrétien débouchant sur la réalité présente du monde. Cette évolution de sa vie au cours des événements historiques est bien marquée dans ses écrits théologiques. La foi en Jésus-Christ qui, à cause de l'amour de Dieu et de l'homme, est devenu le violateur de la loi, exige de chacun qu'il prenne sa responsabilité dans sa situation propre, où il se donne à rencontrer.

En ce sens, la *résistance* et la *soumission* ne peuvent être déterminées qu'à partir de la situation dans laquelle l'homme se trouve et à travers laquelle le Christ l'interpelle. La résistance ne consiste pas en de simples *théories* absurdes et en de pures *fantaisies*. La soumission n'est pas une *lâcheté*. Elle ne se laisse pas guider par le *destin*, mais dans le destin qui s'impose à elle, il lui faut discerner une *direction*. De cette manière, « on ne peut donc pas fixer une fois pour toute la limite entre résistance et soumission, mais toutes deux doivent coexister et être pratiquées résolument ». La situation exige le discernement et la « vertu du juste-milieu ». La foi en Jésus-Christ demande une attitude souple et vivante dans une situation donnée. Bonhoeffer écrit :

« Ma scrupulite aiguë, dont tu t'es toujours moqué pendant nos voyages en hochant la tête, serait-elle l'aspect négatif de l'existence bourgeoise, c'est-à-dire ce manque de foi qui reste caché pendant les périodes tranquilles, mais se montre dans les moments

---
[234] *Ethique*, p. 208

agités sous forme de « peur »-je ne veux pas dire « lâcheté », car ce sont deux choses distinctes (la peur peut s'extérioriser aussi bien par la témérité que par la lâcheté) – peur d'agir simplement et naturellement, et de prendre les décisions nécessaires ? Je me préoccupe souvent de savoir où est la limite entre la résistance nécessaire contre « le destin » et la soumission, tout aussi nécessaire. Don Quichotte est le symbole de l'obstination dans la résistance jusqu'à l'absurde, même jusqu'à la folie – semblable à Michael Kohlhaas (Héros d'un roman de H. von Kleis portant ce titre) qui finit par être coupable à force d'exiger la justice.... La résistance perd finalement son sens réel chez l'un et l'autre et se volatilise en théories et en fantaisies. Sancho Pança est le représentant de ceux qui s'accommodent adroitement et béatement d'une situation donnée. Je crois qu'il nous faut entreprendre ce qui est grand et ce qui nous est propre, et faire pourtant simultanément ce qui est naturellement et universellement nécessaire ; il nous faut faire face au « destin »-je trouve important le genre neutre de ce terme – aussi résolument que nous devons nous y soumettre en temps voulu. On ne peut se servir de l'expression « être conduit » qu'au-delà de cette double démarche ; Dieu nous rencontre non seulement en tant que vis-à-vis, mais aussi sous forme masquée et impersonnelle ; ma question est au fond celle-ci : comment trouver le « vis-à-vis » dans « l'impersonnel », ou , autrement dit : comment « le destin » devient-il « direction ». On ne peut donc pas fixer une fois pour toute la limite entre résistance et soumission, mais toutes deux doivent coexister et être pratiquées résolument. La foi exige cette attitude souple et vivant. Ce n'est qu'ainsi que nous pouvons supporter et rendre féconde chaque situation qui se présente à nous. » (Extrait d'une lettre à E. Bethge, le 21 février 1944)[235].

---

[235] Dietrich Bonhoeffer, *Résistance et soumission*, Labor et Fidès, 1973, p. 228-229

Conclusion générale

Au départ de notre parcours, nous nous demandions comment aborder la question de l'obéissance. Plus exactement, l'obéissance est-elle possible dans une situation sociopolitique en contradiction avec nos convictions ? Dans une telle situation, où la liberté est bafouée, les valeurs humaines méprisées, les droits de l'homme non-respectés, la morale n'exige-t-elle pas plutôt la désobéissance ? En cheminant avec Bonhoeffer, depuis son engagement personnel jusqu'à ses réflexions théologiques et éthiques, nous avons vu que la question de l'obéissance formait la trame de sa pensée. Sa recherche nous permet de tirer ici quelques conséquences.

Nous avons tout d'abord constaté l'influence de la situation socio-politique sur l'orientation de sa vie et sur ses interprétations théologiques. Les tournants politiques intervenus dans son pays, sous le régime nazi, l'ont conduit à élaborer de nouveaux paradigmes théologiques, toujours inspirés de l'Ecriture. Sa foi en Jésus-Christ a fait de Bonhoeffer non seulement un chrétien et un théologien, mais un combattant de la résistance. L'élaboration intellectuelle de sa pensée théologique, nourrie de sa foi, s'est faite au contact de la réalité, qui lui a fait prendre pleinement conscience de sa responsabilité. La fidélité à Jésus-Christ a exigé de lui un engagement réaliste et efficace, au risque d'une désobéissance à l'ordre établi. Il est passé de la résistance passive à la contestation publique et ouverte.

Nous avons observé avec Bonhoeffer que la responsabilité n'est comprise qu'à partir de la réalité. Celle-ci est le lieu où se trouve immergé l'homme. Elle n'est pas étrangère à Dieu, venu l'habiter en Jésus-Christ. En parcourant *L'histoire et le bien*, nous avons vu que c'est au nom de cette réalité que Bonhoeffer mettait en cause une morale fondée sur des principes abstraits, de pures théories sans lien avec la vie. La question du bien et de Dieu se pose à partir de l'homme et de sa vie concrète. La question de l'homme trouve sa source en Jésus-Christ, Verbe fait chair, homme parmi les hommes. La liberté ne devient responsable dans une situation concrète que sous le regard de Dieu et de l'amour des hommes. L'obéissance n'est une obéissance responsable que si elle est la réponse, dans une situation donnée, à l'appel du Christ.

En fait, la responsabilité chez Bonhoeffer n'est pas à confondre avec l'exercice d'une autorité sur des autres. Elle est la capacité, et donc aussi le devoir, qui incombe à un homme libre de se substituer aux autres et de prendre en charge même la faute d'autrui : « Etre responsable signifie donc jouer le tout de notre vie, agir à nos risques et périls ». Dans cette manière d'agir, une liberté responsable doit se conformer à la réalité, seul lieu où se concrétise la responsabilité. L'homme responsable n'est pas hors du monde, mais sa place est au centre du monde et de l'histoire. Cette exigence a son fondement en Jésus-Christ, en ce qu'il a pleinement assumé la réalité. La responsabilité est invitée à la créativité éthique.

Nous constatons ainsi que le déplacement théologique et éthique de Bonhoeffer s'est produit sous l'effet des tournants socio-politiques. Ce déplacement ne l'a pourtant jamais détaché de son christocentrisme. Du *Prix de la Grâce* à l'*Ethique* et à *Résistance et soumission*, le Christ reste pour lui la seule source de l'orientation et de l'agir éthique. En lui réside le motif et le contenu de la responsabilité. L'obéissance comme *soumission* et *résistance*, en réponse à une situation, ne trouve qu'en Jésus-Christ sa raison et sa pertinence. Le modèle qu'offre Jésus est celui d'un engagement à cause de l'amour de Dieu et de l'homme, amour qui va jusqu'à violer la loi. La conscience morale est fondée sur cette loi évangélique.

L'enjeu de cette christo-éthique sur la question de l'obéissance est capital. L'insistance sur l'idée de l'obéissance, comprise comme *soumission* et *résistance* au sein d'une situation donnée, a permis à Bonhoeffer de tisser un lien étroit entre éthique de foi et éthique de responsabilité, l'une et l'autre prenant leur source en Jésus-Christ.

Dans un contexte comme celui du Vietnam, où se pose la question des droits de l'homme, où le régime politique fait obstacle à l'expression des convictions chrétiennes, l'articulation entre l'éthique de foi et éthique de responsabilité doit orienter davantage la réflexion et la conduite des chrétiens. D'un côté, ils doivent s'affirmer face à un régime politique qui cherche à limiter les droits des concitoyens, notamment le rôle de la religion dans la société. D'un autre côté, ils doivent s'interroger sur la légitimité de leur participation à une vie politique qui se pose en adversaire de la foi chrétienne. Or, dans cette situation, la foi et la responsabilité permettent de motiver et de justifier l'agir moral. D'une part, la foi n'a pas le droit de s'enfermer sur elle-même, en se retirant de la vie politique, et d'autre part, la responsabilité n'aboutit pas nécessairement à la révolte. L'interaction entre foi et responsabilité doit se traduire par le oui, mais aussi par le non au monde, dit Bonhoeffer. Le oui pour le monde manifeste également le non contre lui : le oui pour tout ce qui est promotion de la vie, le non contre toutes les menaces qui pèsent sur la dignité humaine. Cette attitude ne s'inspire pas d'une idéologie politique, mais de la conviction que l'homme est aimé et réconcilié par Dieu en Jésus-Christ.

De plus, face à une telle situation socio-politique, agir selon la conscience morale, en s'appuyant sur le Christ, peut aboutir à une transgression légitime en vue d'un bien supérieur. La désobéissance comme non contre le monde, loin d'être un acte destructeur, peut devenir un devoir et une manière de défendre la loi en tant que telle : une loi pour la vie commune – « avec et pour autrui » (Paul Ricoeur). Par cet acte, nous risquons de provoquer des conflits, mais ce sont des conflits légitimes. Bonhoeffer donne l'exemple de Jésus transgressant la loi du sabbat. Un tel acte a fondamentalement pour objectif de rendre la vie à la vie : celle-ci est la loi suprême, donc elle est parfaitement légitime.

Une telle manière d'agir doit évidemment tenir compte de la réalité dans laquelle est sollicitée l'obéissance. Bonhoeffer se tient à l'écart de tous les extrêmismes, refusant la solution du *radicalisme* aussi bien que celle du *compromis*. L'éthique de l'obéissance n'est pas une exaltation en Jésus-Christ, ni une servilité devant des faits historiques. Le lieu de ma responsabilité est défini par l'appel que le Christ m'adresse dans un monde où l'enjeu est l'homme. Cette idée recoupe heureusement celle que développe la Constitution de *Gaudium et spes* où l'Eglise catholique se veut à l'écoute des joies et des angoisses de l'homme contemporain. Par conséquent, toute évaluation morale doit prendre en compte la vérité de l'homme.

Ayant écartées ces deux attitudes extrêmes, le *radicalisme* et le *compromis*, nous voyons mieux le double enjeu d'une vie responsable, au sens de Bonhoeffer, dans le contexte actuel du Vietnam. Premièrement, la foi en Jésus-Christ nous interdit de nous retirer de la réalité, ce que Bonhoeffer désigne comme les réalités avant-dernières. C'est toujours dans une situation déterminée que l'homme obéissant exerce sa responsabilité. Face aux réalités socio-politiques du Vietnam, le chrétien n'a pas à se livrer à un dénigrement systématique au nom de sa foi, mais il doit dénoncer tout ce qui porte atteinte à la dignité humaine. Le Christ n'a pas condamné l'homme pécheur, mais seulement le péché. Telle est l'attitude d'« une foi qui coûte ». Deuxièmement, une vie responsable se doit d'être créatrice. Sur ce point, Bonhoeffer a pris ses distances par rapport à l'interprétation habituelle chez les protestants du chapitre 13 de l'Epître aux Romains où Paul demande aux chrétiens de rester soumis aux « autorités en charge ». Pour Bonhoeffer, le oui au monde, justifié par l'incarnation, est inséparable du non, qui peut conduire jusqu'à la croix. Bonhoeffer s'est élevé contre « la divinisation de l'irrationnel, du sang, de l'instinct », « l'arbitraire », « la barbarie », « la violence », etc. Le Vietnam a ses propres défis à relever. Sans nous donner de recettes, Bonhoeffer nous sensibilise aux exigences d'une foi engagée au nom des réalités dernières : « Le lieu de ma responsabilité est défini par l'appel que le Christ m'adresse ».

Cette perspective théologique et éthique, telle que l'a développée Bonhoeffer, n'est pas sans poser quelques difficultés ni susciter quelques réserves.

Premièrement, cette vision christo-éthique doit bien évidemment se concrétiser dans un contenu concret pour l'action chrétienne. Elle représente pour moi un pari en vue de son application dans une situation culturelle et socio-politique particulière. Comment cette éthique peut-elle par ailleurs entrer en dialogue avec d'autres traditions morales et même avec l'autorité quand celle-ci récuse toute référence au Christ ? Comment ne pas donner l'impression de vouloir faire endosser au monde l'habit de la religion et de la foi en Jésus-Christ ? C'est la question de la liberté et de l'autonomie humaine qui est ici en jeu. En fait, Bonhoeffer a déplacé la question de la liberté et de l'autonomie humaine vers la capacité de l'homme à répondre de manière responsable de la situation. Mais encore une fois, chez lui, cette responsabilité a son modèle dans le Christ : celui qui s'est substitué pour des autres et a pris en charge la faute d'autrui.

La morale catholique résout la difficulté grâce à l'idée de loi naturelle. Pour justifier l'universalité de la loi morale, ainsi que pour éviter le risque du *subjectivisme* ou de l'*individualisme* venant de l'idée de la liberté et de l'autonomie absolue, la morale catholique invoque en effet la loi naturelle, qu'elle définit comme une loi « écrite et gravée dans le cœur de chaque homme, car elle est la raison même de l'homme lui ordonnant de bien faire et lui interdisant de pécher » (*Veritatis Splendor*, § 44). L'Encyclique est encore plus précise :

« La loi morale naturelle exprime et prescrit les finalités, les droits et les devoirs qui se fondent sur la nature corporelle et spirituelle de la personne humaine. Aussi ne peut-elle pas être conçue comme normativité simplement biologique, mais elle doit être définie comme l'ordre rationnel selon lequel l'homme est appelé par le Créateur à diriger et à régler sa vie et ses actes, et, en particulier, à user et à disposer de son propre corps » (VS §50).

Le respect des droits de l'homme et des valeurs humaines est exigé non pas d'abord par la foi au Christ, mais par la loi morale naturelle. En fait, la loi naturelle fait l'objet de critiques de certains moralistes comme Carlos-J. Pinto De Oliveira qui observe ceci : « il y a un recours à la nature, à la loi naturelle qui est inacceptable ; ce recours ne fait que rendre plus difficile le dialogue, il ne met en avant que les aspects objectifs de la morale chrétienne, ses dimensions normatives, mais il laisse dans l'ombre les dimensions subjectives : l'homme-conscience, liberté, responsabilité, autonomie dans la conformité au dessein d'amour de Dieu »[236]. Son enjeu est pourtant d'affirmer les valeurs humaines, ainsi que d'interpeller la conscience en vue du respect des droits de l'homme inscrits déjà dans l'ordre rationnel. L'acte de l'obéissance à la raison peut parfaitement rejoindre l'acte de l'obéissance de la foi. (cf. *Catéchisme de l'Eglise catholique* §§2307-2317).

Deuxièmement, nous avons bien insisté sur l'importance des situations concrètes dans laquelle l'obéissance est sollicitée. S'il est légitime de dire que la situation suscite l'obligation d'un engagement responsable, il ne faut pas tomber dans le situationnisme. Il faut étroitement articuler en théologie morale catholique les trois pôles : le sujet libre et responsable, la situation concrète et enfin la valeur qui est en jeu. Or, favoriser un seul de ces pôles risque de nous faire tomber dans un moralisme rigide.

Ce parcours de la recherche sur l'obéissance chez Bonhoeffer nous révèle une chose fondamentale : l'importance du discernement face aux situations concrètes. Sans ce

---

[236] Carlos-J. Pinto De Oliveira, « loi et droit naturels dans la morale catholique hier et aujourd'hui » dans Eric Fuchs et Mark Hunyadi, éd. *Ethique et nature*, Labor et Fides, Genève, 1992, p. 236

travail de discernement, l'obéissance risque de devenir abstraite et naïve, et aboutir à des décisions sans réelle prise sur la situation. Il est plus pertinent de tenir compte de la complexité culturelle et socio-politique de la situation, en évitant par certaines décisions de la rendre plus intolérable. Le discernement se rattache à la vertu de *prudence* et il exige qu'on soit attentif aux « signes des temps », aux développements psycho-spirituels de l'homme et aux éléments socio-politiques.

Le discernement ne dit pas seulement quelles sont les priorités à favoriser dans telle situation. Il exige aussi de compter avec la grâce de Dieu. Il est facile de prétendre que l'homme responsable doit être disposé à « assumer la faute et la liberté », mais il est plus exigeant de le faire. C'est ce qui fait écrire à Bonhoeffer : « Qui assume une faute dans la responsabilité – aucun homme responsable n'y échappera – attribue cette faute à lui-même et à personne d'autre ; il la prend sur lui et répond d'elle. Il ne le fait pas en présumant insolemment de son pouvoir, mais en sachant qu'il est contraint à cet acte de liberté et qu'en cela, il dépend de la grâce. C'est l'urgence qui justifie l'homme responsable devant ses semblables ; c'est la conscience qui l'acquitte à ses propres yeux ; devant Dieu, il espère la seule grâce »[237].

Compter sur la grâce ne signifie pas qu'il faut attendre de la grâce qu'elle agisse à notre place. Compter sur la grâce, c'est être à l'écoute de la Parole de Dieu, et se laisser interpeller par elle. C'est dans cette attitude que s'exprime par excellence l'acte de l'obéissance, et c'est aussi cette attitude qui peut conduire à la désobéissance civile.

---

[237] *Ethique*, p. 202

BIBLIOGRAPHIE

I- Ecrits de Bonhoeffer

1. *La nature de l'Eglise*, Labor et Fides, 1972.

2. *Le Prix de la Grâce*, Delachaux et Niestlé, 1967.

3. *Ethique*, Labor et Fides, 1965.

4. *Résistance et soumission*, Labor et Fides, 1973.

5. *Textes choisis*, Centurion/ Labor et Fides, 1970.

II- Livres et articles consacrés à Bonhoeffer

- BETHGE, Eberhard, *Dietrich Bonhoeffer. Vie-Pensée-Témoignage*, Labor et Fides/ Centurion, 1969.

- BETHGE, Eberhard, « Préface du 9 avril 1948 aux cinq premières éditions », dans *Ethique*, Labor et Fides, 1965.

- BETHGE, Eberhard, « Préface à la sixième édition entièrement remaniée », dans *Ethique*, Labor et Fides, 1965.

- CHAREIRE, Isabelle ; DUQUOC, Christian ; FERREARIO, Fulvio ; MOTTU, Henry, *Dietrich Bonhoeffer, un théologien aux prises avec l'histoire*, coll. *Lumière & Vie*, n° 264, Octobre-Décembre 2004.

- DUMAS, André, *Une théologie de la réalité*, Labor et Fides, 1968.

- FUCHS, Eric et MULLER, Denis, « Préface à la 4ème édition française », dans *Ethique*, Labor et Fides, 1997.

- MENGUS, Raymond, *Théorie et pratique chez Dietrich Bonhoeffer*, Beauchesne, 1978.

- MOTTU, Henry, *Dietrich Bonhoeffer*, Cerf, 2002.

III- Autres écrits

- BORDEYNE, Philippe, *L'homme et son angoisse. La théologie morale de « Gaudium et spes »*, Cerf, 2004.

- *Catéchisme de l'Eglise catholique*, Mame/ Plon, 1992.

- GANDHI, Mohandâs Karamchand, *Autobiographie ou mes expériences de vérité*, trad. par Georges Belmont, présentation et notes de Pierre Meile, PUF, 1964.

- GREINER, Dominique, « Dieu et l'économie », dans *Dieu au XXIe siècle. Contribution de la théologie aux temps qui viennent*, sous la direction de Bruno Chenu et Marcel Neusch, Bayard, 2002, p. 175-193.

- Jean-Paul II, *Veritatis Splendor*, 1993

- KING, Martin Luther, *Je fais un rêve. Les grands textes du pasteur noir*, présentation de Bruno Chenu, trad. de Marc Saporta, Bayard Edition, 1987.

- MEDEVIELLE, Geneviève, «Le nouvel horizon de la théologie morale dans un espace public pluraliste », in. *Mélanges de J. Doré,* Desclée, 2002.

- NEUSCH, Marcel, *Les rivages de l'homme*, Bayard Editions/ Centurion, 1995.

- RICOEUR, Paul, *Soi-même comme un autre*, Seuil, 1990.

- Vatican II, *Gaudium et spes*, 1965.

- WEBER, Max, *Le savant et le politique*, préface, traduction et notes de Catherine Colliot-Thélène, La Découverte/ Poche, 2003.

- *L'accès à la vérité morale. Le débat des théologiens moralistes après Vatican II*, Second Cycle de la S.T.B.S, Atelier de 1ère Année, Institut Catholique de Paris.

Table des Matières

Introduction 2
**Esquisse biographique - engagement théologique et éthique de Bonhoeffer -
double polarité de la soumission et de la résistance..5**
Enquête sur une identité...7
Contexte familial et choix vocationnel...7
Rencontre avec Karl Barth et la théologie dialectique...8
Combat dans et pour une Eglise confessante..10
Une Eglise édifiée à partir du Sermon sur la montagne..11
L'Eglise face à l'autorité tyrannique..12
Combat pour l'homme dans un monde non-religieux...15
La voie de la désobéissance à l'égard de l'autorité tyrannique.................................15
Dieu est « au milieu du monde »..16
Conclusion : arrestation de Bonhoeffer et mort..17
L'obéissance dans Ethique..19
« Le bien et la vie » : le Christ est le oui et le non de Dieu au monde.....................20
Mise en question du bien en soi..20
Jésus-Christ : identité entre le bien et la vie...22
En Jésus-Christ, unité de la contradiction du oui et du non 24
Conclusion : vivre la vie du Christ, c'est assumer la responsabilité.........................26
« La structure de la vie responsable »...27
Sur la notion de « substitution »...28
A propos de la « conformité à la réalité »..30
« La prise en charge de la faute »..35
« La conscience »..36
« La liberté »...38
« Le lieu de la responsabilité » : la vocation...41
Conclusion : l'obéissance comme « soumission » et « résistance »........................44
La mise en œuvre d'une éthique de l'obéissance-fondement et application........47
L'obéissance à Jésus-Christ 48
Absoluité de l'obéissance : Nachfolge 49
L'absolutisme de l'obéissance sous le feu de la critique...56
Articulation entre obéissance et réalité..60
Comment comprendre la réalité ?..60
La réalité comme lieu de vérification de l'obéissance...64
L'obéissance comme réponse à une situation..67
La situation comme lieu d'interpellation à l'obéissance..67
La situation comme « lieu de la responsabilité »..71
Conclusion générale..73
BIBLIOGRAPHIE...78

I want morebooks!

Buy your books fast and straightforward online - at one of the world's fastest growing online book stores! Environmentally sound due to Print-on-Demand technologies.

Buy your books online at
www.get-morebooks.com

Achetez vos livres en ligne, vite et bien, sur l'une des librairies en ligne les plus performantes au monde!
En protégeant nos ressources et notre environnement grâce à l'impression à la demande.

La librairie en ligne pour acheter plus vite
www.morebooks.fr

SIA OmniScriptum Publishing
Brivibas gatve 1 97
LV-103 9 Riga, Latvia
Telefax: +371 68620455

info@omniscriptum.com
www.omniscriptum.com

Printed by Books on Demand GmbH, Norderstedt / Germany